Zu diesem Buch

Wieder einmal hat der Norddeutsche Rundfunk seine Hörer zu Beginn der Adventszeit darum gebeten, selbsterlebte oder erdachte Weihnachtsgeschichten aufzuschreiben und zu schicken. Die Resonanz ist alljährlich groß, die Redakteure der Sendung «Geschichten am Kamin» sichten Berge von Einsendungen. Im Programm der Vorweihnachts- und Weihnachtstage wird eine Auswahl von bekannten Schauspielern vorgelesen.

Ferner erschienen: «Weihnachtsgeschichten am Kamin» (rororo 5985), «Weihnachtsgeschichten am Kamin 2» (rororo 12167), «Weihnachtsgeschichten am Kamin 3» (rororo 12393), «Weihnachtsgeschichten am Kamin 5» (rororo 12861), «Weihnachtsgeschichten am Kamin 6» (rororo 13021) sowie von Uwe Wandrey «Stille Nacht allerseits!» (rororo 1561) und «Heilig Abend zusammen!» (rororo 5047).

WEIHNACHTSGESCHICHTEN AM KAMIN 4

*Gesammelt von
Uwe Friedrichsen
und
Ursula Richter*

ROWOHLT

41.–52. Tausend November 1991
Originalausgabe
Veröffentlicht im Rowohlt Taschenbuch Verlag GmbH,
Reinbek bei Hamburg, November 1989
Copyright © 1989 by Rowohlt Taschenbuch Verlag GmbH,
Reinbek bei Hamburg
Alle Rechte vorbehalten
Umschlaggestaltung Werner Rebhuhn
(Foto von Augustin Baumgartner der Skulpturen
«Anbetung der Hirten» von Josef Bachlechner, 1893.
Stiftskirche Zwettl / Niederösterreich.
Archiv für Kunst und Geschichte, Berlin)
Satz Bembo (Linotron 202)
Gesamtherstellung Clausen & Bosse, Leck
Printed in Germany
780–ISBN 3 499 12717 2

Eva Maria Riedel

Weihnachten im Norden

Wie ein gerader Strich zog sich die Straße durch die Landschaft, und wenn es auch zu lustig klingen mag, so stimmt es doch, daß man schon von weitem sehen konnte, wer die Strecke entlangfuhr.

Die Eintönigkeit dieses Flachlandes wurde nur durch Ossips Kotten unterbrochen, welcher nicht unbedingt eine Verschönerung darstellte. Er stand am Rande der Straße – alt und brüchig. Beruhigend schien eigentlich nur der Rauch zu sein, der aus seinem Schornstein stieg und irgendwo im Nichts verschwand.

Ossip trat aus der Tür, um ein paar Scheite Holz reinzuholen. Von ferne trug der Wind das Blöken der Schafe zu ihm. ‹Es wird noch einige Stunden dauern, bis Friedo mit ihnen hier ist›, überlegte er und kontrollierte noch einmal den Stall, die Ruheplätze für die Tiere. Sehr dürftig mutete das Ganze an, und sorgenvoll stopfte Ossip einen Jutesack in eine der Ritzen, durch die eisige Kälte drang. Gleich am Kopfende des Stalles befand sich eine kleine Tür, und Ossip mußte sich bücken, um in seine Stube zu treten. Der alte gußeiserne Herd glühte, in dem nun schon seit zwei Stunden ein großer Laib Brot buk, und es würde noch eine weitere dauern, bis Ossip ihn herausnehmen konnte.

Fern der Zivilisation benötigte so ein Vorhaben die dreifache Zeit. Aber schon vor Jahren hatte Ossip sich für dieses Leben entschieden und es bisher auch nicht bereut. Er holte den Topf mit Schmalz, welches er gestern frisch ausgelassen und mit Zwiebeln und Apfelstücken angereichert hatte, aus seiner Vorratskammer und stellte ihn auf den Tisch. Liebevoll strichen seine Hände über eine Flasche Rotwein aus dem Ahrtal. «Fröhliche Weihnachten, du Rebensaft aus meiner Heimat!» schmunzelte er.

Ossips Gedanken wurden durch ein Motorengeräusch, welches ganz abrupt aufhörte, unterbrochen. Er nahm das Fernglas und ging hinaus.

Schemenhaft konnte er in der Dämmerung eine Person vor einem Auto stehend erkennen. Ossip dachte nicht lange nach, nahm sein Fahrrad und fuhr los. Schon bald stellte er fest, daß es sich um einen Mann handelte, der nichts tat, als auf irgendeinen Punkt zu starren. «Was ist mit Ihnen?» fragte Ossip. «Mir ist nicht sonderlich gut», antwortete der Befragte und drehte ihm sein bärtiges Gesicht zu. Viel gab es darin nicht zu lesen, nur, daß dieser Tag eine große Last zu sein schien und daß die Augen müde und trüb blickten. «Ist Ihr Kofferraum leer?» Ossip drückte auf den Knopf und der Deckel sprang hoch. «Ja.» Er verstaute sein Fahrrad so gut es ging, schob den Mann zur Beifahrertür und ließ sich den Zündschlüssel geben. In wenigen Minuten kamen sie am Kotten an, und Ossip bat den Fremden – ihm die eckige, schwarze Tasche abnehmend –, in seiner Stube ein wenig auszuruhen. Als er die Tasche des Mannes auf seine Wäschetruhe stellte, sprang ihr Verschluß auf. Etwas Schwarzes glitt hinaus und eine Bibel, die er gerade noch auffangen konnte. «Sie sind Pfarrer?» fragte Ossip erstaunt und hob den Talar vom Boden auf. Viel verstand er von diesem Beruf nicht, aber doch so viel, daß der heutige Tag, der Heilige Abend, immer ein Fest der Freude und Hoffnung war. Um so mehr bedrückte ihn der Kummer dieses jungen Pfarrers. «Woher kommst du?» fragte er ihn behutsam. «Woher ich komme!» wie ein Aufschrei klang seine Stimme. «Aus leeren Kirchen, aus einem Kapellchen mit zwei Zuhörern. Sie wollen mich hier nicht haben. Ich bin keiner von ihnen. Lieber fahren sie in die weit abgelegenen Dörfer zum Gottesdienst. Dieses flache Land gibt nichts preis für einen wie mich!» Das Gespräch fand durch das Herannahen der Schafe ein jähes Ende. «Friedo ist gekommen», erklärte Ossip. «Er kommt jedes Jahr um diese Zeit. Sag mir, wie du heißt, und sei mein Gast heute abend.» «Lennart», sagte der Fremde, der nun keiner mehr war, und gab Ossip die Hand.

Laut vernehmlich polterte Friedo herein, und wie in all den vergangenen Jahren stieß er sich auch dieses Mal absichtlich seine Stirn am Türbalken an, schimpfte kräftig darüber und verbarg auf diese Art seine Rührung über das Wiedersehen mit Ossip.

Gemeinsam versorgten sie dann die Schafe, während Jesko, der Hund, schon seinen Stammplatz am warmen Herd einnahm. Als alle Arbeit getan war, setzte sich Friedo zum Pfarrer und zog genüßlich an seiner Pfeife. «Wie geht's denn, Herr Kollege?» fragte er Lennart, der ihn bedrückt anblickte: «Wieso Kollege?» Der Pfarrer zog die Brauen hoch. «Na, wir sind doch beide Hirten, jeder auf seine Art!» lachte Friedo. «Da magst du recht haben!» sinnierte Lennart. «Der Unterschied besteht nur darin, daß du Schafe hast und ich keine!» Der alte Friedo schüttelte verwundert den Kopf. In verschiedenen Dörfern hatte er die Leute reden hören über den bärtigen, jungen Herrn Pfarrer. «Alles braucht seine Zeit, Lennart, und wir hier ganz besonders viel! Verliere nicht die Geduld mit uns. Halte durch, du wirst sehen, es lohnt sich!» Ossip brachte das köstlich duftende Brot auf den Tisch, füllte den Wein in die Becher und zündete eine Kerze an. Lennart aber stand auf, zog seinen Talar über und las die Weihnachtsgeschichte. Und was ihn noch vor wenigen Stunden fast aus der Bahn geworfen hätte, gehörte nun, im Kreise seiner neuen Freunde, bereits der Vergangenheit an.

Ruth Schmidt-Mumm

Wie man zum Engel wird

Wie jedes Jahr sollte auch in diesem die sechste Klasse das weihnachtliche Krippenspiel aufführen. Mitte November begann Lehrer Larssen mit den Vorbereitungen, wobei zunächst die verschiedenen Rollen mit begabten Schauspielern besetzt werden mußten.

Thomas, der für sein Alter hoch aufgeschossen war und als Ältester von vier Geschwistern häufig ein ernstes Betragen an den Tag legte, sollte den Joseph spielen. Tinchen, die lange Zöpfe hatte und veilchenblaue Augen, wurde einstimmig zur Maria gewählt, und so ging es weiter, bis alle Rollen verteilt waren bis auf die des engherzigen Wirts, der Maria und Joseph, die beiden Obdachsuchenden, von seiner Tür weisen sollte. Es war kein Junge mehr übrig. Die beiden Schülerinnen, die ohne Rolle ausgegangen waren, zogen es vor, sich für wichtige Arbeiten hinter der Bühne zu melden.

Nun war guter Rat teuer. Sollte man jemanden aus einer anderen Klasse bitten? Und wen? Und waren nicht bisher alle sechsten Klassen ohne solche Hilfe ausgekommen?

Joseph, alias Thomas, hatte den rettenden Einfall. Sein kleiner Bruder würde durchaus in der Lage sein, diese unbedeutende Rolle zu übernehmen, für die ja nicht mehr zu lernen war als ein einziger Satz – nämlich im rechten Augenblick zu sagen, daß kein Zimmer frei sei.

Lehrer Larssen stimmte zu, dem kleinen Tim eine Chance zu geben. Also erschien Thomas zur nächsten Probe mit Tim an der Hand, der keinerlei Furcht zeigte. Er hatte sich die Hände gewaschen und die Haare naß gebürstet und wollte den Wirt gerne spielen. Mit Wirten hatte er gute Erfahrungen gemacht, wenn er mit den Eltern ausgehen durfte oder wenn die Familie in den Ferien verreiste.

Er bekam eine blaue Mütze auf den Kopf und eine Latzschürze umgebunden, was ihn als Herbergsvater kennzeichnen sollte; die Herberge selbst war, wie alle anderen Kulissen, noch nicht fertig. Tim stand also mitten auf der leeren Bühne, und es fiel ihm leicht zu sagen, nein, er habe nichts, als Joseph ihn drehbuchgetreu mit Maria an der Hand nach einem Zimmer fragte.

Wenige Tage darauf legte Tim sich mit Masern ins Bett, und es war reines Glück, daß er zum Aufführungstag gerade noch rechtzeitig wieder auf die Beine kam.

In der Schule herrschten Hektik und Feststimmung, als er mit seinem großen Bruder eine Stunde vor Beginn der Weihnachtsfeier erschien. Auf der Bühne hinter dem zugezogenen Vorhang blieb er überwältigt vor der Attrappe seiner Herberge stehen: sie hatte ein vorstehendes Dach, eine aufgemalte Laterne und ein Fenster, das sich aufklappen ließ. Thomas zeigte ihm, wie er auf das Klopfzeichen von Joseph die Läden aufstoßen sollte.

Die Vorstellung begann. Joseph und Maria betraten die Bühne, wanderten schleppenden Schrittes zur Herberge und klopften an. Die Fensterläden öffneten sich und heraus schaute Tim unter seiner großen Wirtsmütze.

«Habt Ihr ein Zimmer frei?» fragte Joseph mit müder Stimme.

«Ja, gerne», antwortete Tim freundlich.

Schweigen breitete sich aus im Saal und erst recht auf der Bühne. Joseph versuchte vergeblich, irgendwo zwischen den Kulissen Lehrer Larssen mit einem Hilfezeichen zu entdecken. Maria blickte auf ihre Schuhe.

«Ich glaube, Sie lügen», entrang es sich schließlich Josephs Mund. Die Antwort aus der Herberge war ein unüberhörbares «Nein».

Daß die Vorstellung dennoch weiterging, war Josephs Geistesgegenwart zu verdanken. Nach einer weiteren Schrecksekunde nahm er Maria an der Hand und wanderte ungeachtet des Angebotes weiter bis zum Stall.

Hinter der Bühne waren inzwischen alle mit dem kleinen Tim beschäftigt. Lehrer Larssen hatte ihn zunächst vor dem Zorn der anderen Schauspieler in Schutz nehmen müssen, bevor er ihn zur Rede stellte. Tim erklärte, daß Joseph eine so traurige Stimme gehabt hätte, da hätte er nicht nein sagen können und zu Hause hätten sie auch immer Platz für alle, notfalls auf der Luftmatratze.

Herr Larssen zeigte Mitgefühl und Verständnis. Dies sei doch eine Geschichte, erklärte er, und die müsse man genauso spielen, wie sie aufgeschrieben sei – oder würde Tim zum Beispiel seiner Mutter erlauben, dasselbe Märchen einmal so und dann wieder ganz anders zu erzählen, etwa mit einem lieben Wolf und einem bösen Rotkäppchen?

Nein, das wollte Tim nicht und bei der nächsten Aufführung wollte er sich Mühe geben, ein böser Wirt zu sein; er versprach es dem Lehrer in die Hand.

Die zweite Aufführung fand im Gemeindesaal der Kirche statt und war, wenn möglich, für alle Beteiligten noch aufregender. Konnte man wissen, wer alles zuschauen würde?

Unter ärgsten Androhungen hatte Thomas seinem kleinen Bruder eingebläut, dieses Mal auf Josephs Anfrage mit einem klaren ‹Nein› zu antworten. Als die beiden Brüder um die Ecke des Gemeindehauses bogen, bekam Tinchen-Maria rote Flecken am Hals und flüsterte Thomas zu, eine zweite Panne würde sie nicht überleben.

Der große Saal war voll bis zum letzten Sitzplatz.

Dann ging der Vorhang auf, das heilige Paar erschien und wanderte – wie es aussah etwas zögerlich – auf die Herberge zu.

Joseph klopfte an die Läden, aber alles blieb still. Er pochte erneut, aber sie öffneten sich nicht.

Maria entrang sich ein Schluchzen.

Schließlich rief Joseph mit lauter Stimme «hier ist wohl kein Zimmer frei??» In die schweigende Stille, in der man eine Nadel hätte fallen hören, ertönte ein leises, aber deutliches «Doch».

Für die dritte und letzte Aufführung des Krippenspiels in diesem Jahr wurde Tim seiner Rolle als böser Wirt enthoben. Er bekam Stoffflügel und wurde zu den Engeln im Stall versetzt.

Sein ‹Halleluja› war unüberhörbar und es bestand kein Zweifel, daß er endlich am richtigen Platz war.

Maria Wolff
«... leer Dein gold'nes Wägele aus!»

In den letzten Wochen vor Weihnachten begann eine fieberhafte Tätigkeit. Es wurde geputzt, poliert und geschrubbt, als würde das Christkind persönlich herniedersteigen, den Zeigefinger in die Ecken bohren und mit anerkennendem Blick sagen: «Alle Achtung, blitzsauber!» Wenn Mutter und Kuni aus den Strömen von Seifenwasser, Bohnerwachs und Messingputz wieder auftauchten, folgte die zweite Phase: Das Einkaufen. Damit begann der Horizont von der niederen Ebene des Putzeimers, Scheuertuchs und Besens sich auf eine wesentlich höhere zu verlagern. Es wurde geplant, gerechnet und lange Listen wurden aufgestellt. Worte wie Butterzeug, Makronen, Eierzucker, Anisplätzchen und Lebkuchen fielen. Wir Kinder spitzten die Ohren und rieben uns den Magen im Vorgenuß all der Köstlichkeiten. In ein Umhängetuch eingemummelt, einer riesigen Krähe gleichend, eilte unsere Kuni mit einem großen Henkelkorb am Arm in die Stadt. Unmengen von Mehl, Zucker, Rosinen, Sultaninen, Zitronat, Mandeln und Gewürzen wanderten über den Ladentisch zu ihr herüber.

Aus Achtel und Förrenbach lieferten die Botinnen Schmalz, Butter und Eier ins Haus. Gleichzeitig nahmen sie die Bestellung von Weihnachtsgans und -hasen entgegen.

In der Speisekammer türmten sich die Vorräte. Wir standen staunend und sinnend davor und hatten die Hände auf den Rücken gelegt. Die Mutter wurde mit tausend Fragen bestürmt. Doch ohne einen Augenblick in ihrer Werkelei einzuhalten, schob sie uns beiseite. «Geht zum Spielen, Kinder!» Aber die Spiele wollten nicht so recht gelingen, sie waren leer und langweilig. Die weihnachtliche Stimmung, die über dem Haus lag, hatte uns ihr goldenes Netz über den Kopf geworfen, und wir gingen auf Zehenspitzen umher. Wir wagten nur zu flüstern, damit nichts diesen Zauber breche. Oh, diese geheimnisvollen Abende, an denen unsere Eltern im Weihnachtszimmer weilten und endlos lange Beratungen mit dem Christkind abhielten! Das «gute» Zimmer war zum Festzimmer aufgestiegen und vor uns verschlossen wie Blaubarts Stube vor seinen neugierigen Frauen. Manchmal, wenn wir uns allein und unbeobachtet glaubten, wagten wir atemlos und unter fast hörbarem Herzklopfen ein Blinzeln durch das Schlüsselloch. «Ich habe einen goldenen Schein gesehen», sagte ich zu meinem Bruder, der mich wegdrängelte und -schubste, um auch seinerseits etwas von dem Geheimnis zu erhaschen. Doch dieser Blick ins Zauberland war mit Angst, Zittern und schlechtem Gewissen erkauft. Immer und immer wieder hatte uns Mutter eingeschärft, daß Neugier das entsetzlichste Laster auf der Welt sei und daß das Christkind jedem die Augen ausblase, der es bei seinem Tun beobachte.

So versuchten wir denn, unser Weihnachtsfieber zu bekämpfen und uns «nützlich» zu machen. Doch wir standen nur im Weg herum und waren eine rechte Last. («Weihnachten *für* die Kinder, doch Weihnachtsvorbereitungen *ohne* die Kinder», war der Stoßseufzer meiner reichlich gequälten Mutter.) Sie verfrachtete uns auf die Stühle, wir saßen artig am Küchentisch und versuchten es mit Mandelabziehen. Aber die glitschigen Dinger flutschten aus unseren tolpatschigen Fingern weg. Wenn wir endlich aus einem Gewirr von Tisch, Stühlen und Menschenbeinen wieder auftauchten und triumphierend den gefundenen Kern hochhielten, so türmte sich längst ein gelblichweißes Berglein von ihrer braunen Haut befreiten Mandeln auf dem Tisch. Mutters und Kunis fleißige Hände waren schon dabei, sie in duftende Makronen umzuwandeln. Wir stützten den Kopf in die Hände und verfolgten mit großen Augen den Weg von der Kuchenschüssel zum Blech. Das letzte Restchen Teig wurde unseren Händen überantwortet, und wir formten mit vor Aufregung schweißnassen, klebrigen Fingern daraus schwärzlich-graue Männlein, Kringel und Bretzen.

Mit großen Blechen und noch größeren Schritten lief Kuni zum Neumüller, um all die vielen Sorten Plätzchen zum Bakken zu bringen.

Dieselbe Erregung, die uns schon so lange in ihrem Bann hielt, bemächtigte sich nun auch meiner Mutter. Sie wurde fahrig und zerstreut. Jedes Jahr schien sie aufs neue einen Mißerfolg ihrer Backkunst zu befürchten. Und wie jedes Jahr nahm sie dann mit hörbarem Aufatmen die braunen Wundergebilde in die Hand und beäugte sie wie eine Amsel den Regenwurm mit schiefgeneigtem Kopf. Und siehe: der «Zucker» war wohlgeraten.

Auch Petrus schickte sich an, seine weihnachtliche Zuckerbäckerei zu eröffnen. Denn heimlich und still war über Nacht alles weiß geworden. Unablässig rieselte der Schnee. Jeder Busch und jeder Baum trug ein silbernes Feenkleid, und alle Pfosten hatten eine weiße Pudelmütze übergezogen.

Wir trödelten den Bahnweg entlang, denn man hatte uns aus dem Haus entfernt, «um das Christkind nicht zu stören». Die Flocken schmolzen auf unseren warmen Wangen, und wir streckten die Zungenspitzen heraus, um den klaren sauberen Schnee zu schmecken. Wie lange so ein Nachmittag sein kann, bis es «Heiliger Abend» wird (viel, viel länger, als später ein ganzes Leben dauert)! Wir erörterten in langen Zwiegesprächen, ob unser mit steifen, ungelenken Buchstaben geschriebener Brief auch an die himmlische Adresse gelangt sei. Dabei sahen wir in den grauen, schneeverhangenen Himmel mit dem lichten Streifen am Horizont: wie ein Abglanz des Paradieses. Und noch einmal sagten wir inbrünstig unser Verslein auf, mit dem wir wochenlang unser Nachtgebet beschlossen hatten: «Christkindl, flieg über mein Haus und leer Dein gold'nes Wägele aus!»

Das Haus empfing uns mit seinen warmen, traulichen Armen, und sein Atem roch nach frischem Tannengrün, Backwerk und Weihnachtsbraten.

Feierlich gingen wir die Treppe hinauf, die wir so oft im Sommer mit fröhlichem Gepolter hinuntergesprungen waren. Immer noch war die frische Winterkälte um uns, als die silberne Klingel ertönte und die Weihnachtstür sich langsam öffnete. Einer drängte den anderen: «Geh du zuerst!», denn die Pracht und die Herrlichkeit des strahlenden Lichterbaums verschlug uns fast den Atem.

Dann plötzlich gingen wir beide gleichzeitig durch die Tür, ja einer versuchte den anderen zurückzuschieben: «Ich habe... wir haben...» – vor Aufregung blieben uns die Stimmen im Halse stecken: Oh, die Fülle der Gaben, die Fülle der Gaben! Immerwährende Kinderseligkeit! «...und leer Dein gold'nes Wägele aus!»

Ingrid Hüffel

Mein Papa, meine Mutti und ich

Auf dem Nassen Garten, dem Armenviertel von Königsberg, auf dem windschiefe alte Häuschen neben Neubauten standen, wohnten Arbeiter, einfache Angestellte und ein Kleinbauer. Auf dieser Straße und den angrenzenden Wiesen spielten wir, ohne etwas von Armut zu wissen. Kinder gab es reichlich. Hier in einem der Neubauten waren wir zu Hause. Papa war ein Riese, doppelt so groß wie Mutti. Ich kam mir schon sehr groß vor, fast so groß wie Papa. In seinem Wuschelhaar konnte ich mich mit beiden Händen festhalten und Verstecken spielen. Gerne drückte Papa mein Gesicht an seine Bartstoppeln; das kitzelte, und ich lachte: «Hör auf, Papa.» In seiner Freizeit malte er schöne Bilder und nahm mich mit auf seinem Fahrrad.

Die Geschichte, die ich erzählen will, spielt am Nachmittag des Heiligen Abends im Jahre 1940, ich war damals fünf Jahre alt. Es schneite dicke Flocken, und Papa sagte: «Fahrt zu Oma Anna. Ich erwarte den Weihnachtsmann und wünsche mit ihm ein Gespräch unter Männern zu führen.» – «Papa, kann ich nicht auch hierbleiben bei dir? Ich störe dich auch kein bißchen.» – «Nein ist mein letztes Wort.» Er sah mich streng an, dann wußte ich: Es war so. Über meine Lederstiefel zog ich die Galoschen. Dabei mußte mir Mutti helfen. Meine Oma Anna! Die anderen Kinder sagten immer, wenn sie sie sahen: «Der General kommt!» Zu mir war sie aber immer liebevoll. Ich schmiegte mich so gern an ihren prallen Körper. Ihr Haar hatte sie zu einem Knoten gedreht, in dem viele Haarnadeln steckten. Bei ihr durfte ich so wild sein, wie ich wollte. Genau das liebte sie. Ich durfte auf Bäume klettern durfte meine ältesten Sachen tragen, und pfeifen durfte ich auch. Wenn ich Oma Anna von weitem sah, jauchzte ich und rannte in ihre weitgeöffneten Arme. «Ach, Marjell», lachte sie, bis ihr die Tränen kamen. So, jetzt nur noch den Mantel zuknöpfen... «Lauf, Kleines, und grüß schön», sagte Papa und lächelte.

An Muttis Hand rutschte ich auf freigeschaufelten Gehwegen, und immer wieder stapfte ich in einen Schneeberg daneben. Jeder Busch, jeder Baum war dick mit Schnee beladen. Ich schüttelte die Büsche, ich mußte ausprobieren, wie leicht der Schnee war. «Mutti, wann kommt der Weihnachtsmann? Kommt er zu allen Leuten? Auch zu den ganz Alten? Wo wohnt er eigentlich? Und wie kommt er vom Himmel runter? Oma Anna ist doch gar keine richtige Oma. Eine Oma muß doch furchtbar alt sein und am Stock gehen.» Entlang der Büsche machte ich mir eine kleine Rutsche, rutschte solange darauf herum, bis ich eine glatte Bahn hatte. Kein einziges Mal fiel ich hin. Die Straßenbahn kam. Außer Mutti und mir stiegen noch andere Leute ein. Drinnen blieben wir stehen. Die Leute sollten doch meinen schönen roten Mantel mit dem Pelzkragen und den weißen Fellmuff sehen! Ich fragte laut: «Mutti, warum gibt es einen Weihnachtsmann und keine Weihnachtsfrau? Warum weißt du das nicht?» Die Leute drehten sich um, guckten mich an, lachten. «Ist es dem Weihnachtsmann denn nicht zu kalt im Wald? Passen die vielen Geschenke alle auf seinen Schlitten? Kommt der Weihnachtsmann jedes Jahr? Und was ist, wenn er die Masern kriegt? Dann steckt er doch die Leute an.» – «Sei endlich still», zischelte Mutti. Am Schloß stiegen wir aus.

In der Stadtmitte stand ein Haus neben dem anderen, und viele Fenster waren erleuchtet. Den Weg zu Oma Anna kannte ich: Die dritte Straße rechts rein. An der Ecke war ein Fleischer, dahinter kam ein Spielwarenladen. In dem Schaufenster saß eine Puppe: blonde Zöpfe, himmelblaue Augen. Mutti sagte: «Guck mal, wie die Schneeflocken im Laternenlicht tanzen.» Ich guckte kurz hin und rannte die vielen Stufen zu Oma Annas Wohnung hinauf und direkt in ihren Bauch hinein. Wie gut, daß es bei ihr warm war. Ein kleiner Tannenbaum mit viel Lametta, Watteflöckchen und weißen Kugeln stand auf dem Tisch.

Wir sangen Weihnachtslieder. Danach setzte ich mich auf Oma Annas Schoß. Oma erzählte von früher, als sie ein Kind war. «Oma, sag mal, wie es war, als Papa ein Junge war.» Sie zählte seine Streiche auf, die ich schon kannte und mir nie langweilig wurden. Einmal hatten sich Papa und sein Freund verkleidet und sangen nachts laut das Lied «Wir lachten, daß die Balken bogen, so ungefähr nach Mitternacht». «Oma, sing das mal.» – «Das ist kein Weihnachtslied», sagte Oma Anna.

Irgendwann meinte Mutti: «Jetzt könnte der Weihnachtsmann vielleicht schon bei Papa sein.» Da konnte ich es nicht länger aushalten. Wenn der Weihnachtsmann jetzt mit Papa sprach... «Weißt du, meine liebste Oma, ich glaube, wir müssen nach Hause. Vielleicht möchte der Weihnachtsmann sich doch auch ein bißchen mit mir unterhalten?» Dagegen sagten Oma und Mutti nichts. Wir zogen uns an und gingen durch Oma Annas dunklen Hausflur. Mutti versuchte, die Haustür zu öffnen. Ich wollte ihr helfen. Eisiger Wind wehte mir eine Unmenge feinen Schnee ins Gesicht. War das kalt! Mutti band mir meinen Schal fest über den Mund. Nun konnte ich nichts mehr fragen. Langsam gingen wir den Weg zurück. Wir kamen kaum voran. Der Sturm blies uns fast um. Und stockdunkel war es! Mutti schaute zum Himmel hoch und zählte die Sterne. Die Schneeflocken fielen dichter und manchmal einem direkt ins Auge. Zum Rutschen hatte ich keine Lust mehr. Mutti sprach mit einer besonderen Stimme: «Jetzt sieh dir den Himmel an. Es ist der Weihnachtshimmel; da kann man sich etwas wünschen.» Was sie sich wünschte, sagte sie nicht. Aber ich schob meinen Schal vom Mund, redete laut mit dem Weihnachtsmann und zählte meine Wünsche auf. «Wohnt der Weihnachtsmann überall im Himmel? Dann hat er aber eine Riesenwohnung.»

Zwei Schneefrauen kamen erschöpft zu Hause an. Ich drückte kräftig auf die Klingel. Es dauerte lange, bis geöffnet wurde. Aus dem Radio erklang ein Weihnachtslied. Schnell putzte ich die Stiefel ab, zog sie mit Muttis Hilfe aus, holte meine Hausschuhe, hielt Mutti meinen nassen Mantel hin und hing an Papas Hals. Er hockte krumm vor der angelehnten Wohnzimmertür und läutete mit einem Glöckchen. «Papa, war der Weihnachtsmann da?» Papa nickte geheimnisvoll. Seine Stimme klang tief: «Ach, Kleines. Kurz bevor ihr kamt, klingelte er. Er war müde und durchgefroren. Wir tranken noch einen Grog zum Aufwärmen. Er konnte nicht mehr auf euch warten wegen der vielen anderen Kinder.» «Aber dir war doch nicht kalt, nicht Papa?» – «Nein, aber so unhöflich konnte ich doch nicht sein.» Papa klingelte noch einmal und zog mich in die Weihnachtsstube. Ich sah einen großen Tannenbaum, der bis zur Decke reichte, nicht so klein wie der auf dem Tisch bei Oma Anna, mit brennenden Kerzen, Lametta, bunten Kugeln, Engeln! Dann sah ich einen Kaufmannsladen, so groß, daß ich mich hineinstellen konnte. Auf der Theke eine Waage mit Gewichten, Tüten, Schaufeln, eine Uhr mit verstellbaren Zeigern! Die Schubladen waren voll echter Lebensmittel: Mehl, Zucker, Salz, Reis, und es gab viele Päckchen und Flaschen. Und das alles war für mich! «Guck nur, hier ist noch etwas für dich», sagte Mutti. Die Puppe aus dem Spielwarengeschäft! Blonde Zöpfe, himmelblaue Schlafaugen und Puppenzeug, das Oma Anna genäht hatte.

Ich sah meinen Papa und meine Mutti und die Weihnachtsstube wie durch einen Schleier. In meinem Kaufmannsladen spielte ich kaufen und verkaufen. Später am Abend wurden mir die Augenlider immer schwerer, aber ich riß meine Augen weit auf. Ich wollte vom Heiligen Abend keinen Augenblick verpassen.

Uwe Bernzen

Der Großbrand

Wenn ich in meinen Weihnachtserinnerungen krame, fällt mir zuerst der Großbrand bei der Familie Lübbendorf ein. Die Feuerwehr hat dieses weihnachtliche Ereignis damals sicher nicht Großbrand genannt, aber für uns Kinder war es durchaus ein solcher.

Die Lübbendorfs waren in unserer Gegend weit und breit die reichste, aber leider auch die hochnäsigste Familie. Das führte dazu, daß wir Straßenkinder – wie wir von diesen Leuten genannt wurden – die Kinder dieser ehrbaren Familie ärgerten und drangsalierten, wo und wann wir ihrer habhaft wurden. Wir wunderten uns deshalb auch nicht, daß die blassen Knaben Ferdinand und Adalbert Lübbendorf immer nur in ihrem parkähnlichen Garten, der von einem hohen schmiedeeisernen Zaun umgeben war, spielten. Wir warfen ihnen nur ab und an ein paar unfrohe Worte hinüber und manchmal auch etwas härtere Dinge. Ihre große Schwester Friederike hingegen erschien nur selten in dem Garten, sie spielte nicht, sondern lustwandelte nur.

Der Heilige Abend war gekommen. Meine Familie hatte sich zur Bescherung um den Tannenbaum versammelt. Gerade war das «Stille Nacht» verklungen, das Weihnachtsevangelium vorgelesen, und wir schickten uns an, uns die Geschenke zu überreichen, als auf unserer stillen Straße das Martinshorn der Feuerwehr erklang. Das Blaulicht durchzuckte unschön die festliche Nacht, und es entstand dort unten offenbar ein großes Getümmel.

So aufregend es nun ist, Weihnachtsgeschenke zu bekommen, aufregender ist natürlich, ein Feuer mitzuerleben. Ich rannte, ohne weiter zu fragen, sofort auf die Straße und stellte fest, daß es bei Lübbendorf brannte. Die Feuerwehrleute liefen mit den Schläuchen zum Hydranten, und hinter den großen Fenstern der üppigen Lübbendorfschen Villa sah ich deutlich züngelnde Flammen, so wenigstens habe ich das in Erinnerung. Es war alles furchtbar aufregend. Das zuckende Blaulicht in der stockdunklen Nacht steigerte meine Erregung und die meiner Freunde und der übrigen Gaffer noch beträchtlich, und daß es bei Lübbendorf brannte und nicht bei uns, machte das ganze Ereignis zunächst zu einem ungetrübten Vergnügen.

Leider holten mich meine Eltern bald wieder in das Haus,

und die Bescherung nahm ihren Fortgang. Obwohl ich an diesem Weihnachtsfest lang gehegte Wünsche erfüllt bekam – an einen Fußball kann ich mich erinnern –, kam die weihnachtliche Stimmung nicht mehr auf. Meine Gedanken waren bei dem Brand in der Jugendstilvilla der hochnäsigen und reichen Familie Lübbendorf.

Um Mitternacht ging ich wie immer mit meinen Eltern in den Weihnachtsgottesdienst, und wie immer war die Kirche brechend voll – sonst wäre es auch nicht Weihnachten gewesen. In dem Gedränge – ich traute meinen Augen nicht – erkannte ich auch die ganze Familie Lübbendorf, die man seit Jahren dort nicht mehr gesehen hatte. Ihr Anblick und die Gedanken, wie es wohl mit dem Brand weitergegangen war, nahmen mir nun leider meine ganze Andacht, und anderen ging es wohl ebenso, wie ich an den verstohlenen Blicken auf die leidgeprüfte Familie erkannte. Nach dem Gottesdienst war dann auch der Brand der Hauptgesprächsstoff der Nachbarn. Die üblichen Berichte über die erhaltenen Geschenke entfielen auf Grund dieser Sensation. Aus den vielen Gerüchten, Meinungen, Berichten und Vermutungen ergab sich folgendes Bild über den Hergang des Geschehens:

Die Familie Lübbendorf hatte in dem großen Gartensaal ihrer Villa einen übergroßen Tannenbaum aufgestellt, wie er sonst nur in der Schalterhalle unserer Sparkasse stand. Er war natürlich überaus festlich geschmückt. Friederike durfte in diesem Jahr erstmalig die Kerzen entzünden. Sie tat das mit Hilfe eines langen Stabes, an dem ein brennender Docht befestigt war. Nachdem sie ihre Aufgabe gewissenhaft erledigt hatte, hatte sie sich noch eine Weile bewundernd vor ihr großes Werk gestellt. Dabei aber hatte sie den Stab geschultert und das Verhängnis nahm seinen Lauf. Der brennende Docht nämlich geriet in die Gardinen und Vorhänge der Terrassentür, und diese fingen sofort Feuer. Auf Friederikes schrillen Schreckensschrei hin stürzten die Familie und das Dienstmädchen herein. Es entstand eine Panik, der Tannenbaum stürzte um, und alsbald brannte das ganze Zimmer lichterloh. Die Feuerwehr war zwar schnell zur Stelle, aber auch sie konnte nicht verhindern, daß das Erdgeschoß ausbrannte und die erste Etage und das Dachgeschoß durch Wasserschäden und Qualm unbewohnbar wurden. Die Familie Lübbendorf war plötzlich heimatlos geworden. Da erbarmte sich die Familie Schulze der Obdachlosen und nahm sie bei sich auf. Herr Schulze war der Fahrer von Konsul Lübbendorf und wohnte in einer kleinen Wohnung über der Remise am Ende des Lübbendorfschen Anwesens. Schulzes waren fromme Leute, und ihnen war es zu verdanken, daß die vom Schicksal geschlagene Familie Lübbendorf trotz oder vielleicht gerade wegen dieses Unglücks am Heiligen Abend in die Kirche kamen.

Das aufregende Weihnachtsfest hatte auf jeden Fall bedeutende Folgen für uns Kinder. Wir Straßenkinder bekamen, nachdem die Schadenfreude verflogen war und wir alles so richtig bedacht hatten, großes Mitleid mit den Lübbendorfschen Kindern, denn uns erschien es wie die Vertreibung aus dem Paradies, daß die bedauernswerte Familie von der Weihnachtsfeier durch das unglückselige Feuer vertrieben wurde und daß alle Geschenke verbrannt waren. Dieses Mitleid ließ uns den Ärger, den wir mit diesen Hochnäsigen hatten, vergessen. Den Lübbendorfschen Kindern hingegen war mit einemmal der Grund für ihren Hochmut entzogen, und sie standen sozusagen nackt und bloß vor uns. Auf jeden Fall, Silvester waren wir alle schon gute Freunde und haben zusammen unsere Raketen gezündet, und an die tollen Spiele in dem Lübbendorfschen Garten im darauffolgenden Sommer habe ich die schönsten Erinnerungen.

Sieglinde Kaupert
«Ach ja, Papa hat geschrieben!»

Weihnachten 1948. Wir, das waren meine Mutter, meine Großmutter und wir drei Kinder. Nach unserer Flucht vor den Russen aus dem polnisch besetzten Gebiet hatten wir endlich, nach langer Irrfahrt, eine Bleibe gefunden. In einem kleinen Dorf im Spreewald hatte sich eine Familie bereit erklärt, eine so große Familie mit kleinen Kindern aufzunehmen.

Von unserem Papa hatten wir seit Ende des Krieges nichts mehr gehört. Er war das letzte Mal auf Heimaturlaub bei uns. So blieb uns nur das Foto, das einen uniformierten, lustig blickenden Mann zeigte, den wir nicht kannten. Meine Mutter setzte natürlich alles in Bewegung, um über seinen Verbleib Auskunft zu erhalten. Jedoch weder das Rote Kreuz, noch Wahrsagerinnen konnten helfen.

Trotz aller Trostlosigkeit und bangen Wartens, wollte uns meine Mutter ein besonderes Weihnachtsfest gestalten; und deshalb sollte es – wie früher zu Hause – richtigen Heringssalat geben.

Sie versuchte also rings herum in allen möglichen Geschäften die kostbaren Salzheringe zu ergattern. Jedoch ohne Erfolg. Dieser Salat war das wichtigste Gesprächsthema geworden; und deshalb waren alle enttäuscht, daß daraus nichts wurde.

Doch es sollte anders kommen: Eine Woche vor Weihnachten kam meine Schwester ganz aufgeregt aus der Schule nach Hause. «Mutti, Mutti», rief sie, «es gibt beim Kaufmann Salzheringe, es stehen schon ganz viele Leute dort.» Hastig zog sich meine Mutter an. Als sie gerade zur Tür hinausstürzen wollte, hielt ihr meine Schwester eine abgewetzte, leicht zerknitterte Karte mit den Worten hin: «Ach ja, und Papa hat geschrieben.»

Natürlich wurde aus dem Heringssalat an diesem Weihnachtsfest nichts. Zu groß war die Aufregung und Freude, ein Lebenszeichen von unserem Vater zu haben. Die Karte hatte uns nach langer Zeit aus russischer Gefangenschaft erreicht. Auf ihr standen nur fünf Worte: MIR GEHT ES GUT, PAPA.

Ein paar Monate später kam er tatsächlich nach Hause.

Seit dieser Zeit hieß es immer, wenn meine Mutter Heringssalat servierte: «Ach ja, Papa hat geschrieben!»

Irene Sidau

Große Aufregung am Heiligabend

Omi und Opa kamen mit einem Wäschekorb voller Geschenke, über die eine Decke gebreitet war, die Treppe rauf. Rena hatte sie schon gehört und ließ sie leise ein, damit die Kinder nichts bemerkten. Die Tür zum Weihnachtszimmer war noch nicht ganz geschlossen, da war die vierjährige Tina auch schon im Korridor. Rena schloß mit einer Hand die Tür hinter den Großeltern, mit der anderen erwischte sie Tina im Nacken, die schrie: «Ich will ja gar nicht gucken, ich muß mal!» Nachdem Omi und Opa nun ihre Mäntel ausgezogen hatten, wollten Rena und Horst endlich in Ruhe den Baum schmücken, doch die drei Kinder waren überall im Wege. Die Unterstützung durch die Großeltern war daher sehr willkommen. Rena meinte: «Omi, hier hast du Lametta und auf dem Tisch ist noch mehr. Ich muß auch noch die Bunten Teller fertig machen!»

Danach raste Rena über den Flur, um in der Küche die Weihnachtsgans zu begießen, die im Ofen schmorte.

Überall standen Tüten mit Süßigkeiten, Nüssen und Marzipan für die Teller und für den Baum. Es war wie immer:

alles viel zu spät. Die Kinder ungeduldig und voller Erwartung, die Eltern mit den Nerven fertig und am Baum war noch nicht eine Kerze.

In den vergangenen Jahren waren Omi und Opa um diese Zeit mit den Kindern zur Weihnachtsmesse gegangen. Warum das diesmal anders war, wußte keiner so recht. Wahrscheinlich war es einfach ein Fehler in der Organisation. Horst sah sich in dem Durcheinander um, stellte die Leiter zum Befestigen der Kerzenhalter und Kerzen dicht an den Baum, der diesmal besonders groß war. Erst einmal wollte er die schöne silberne Baumspitze anbringen. Er sah Opa an und meinte: «Wie wär's, wenn du mit den Kindern ins Kinderzimmer gehen und ihnen ein paar Weihnachtsgeschichten vorlesen würdest? Damit wäre schon viel geholfen!»

Er machte die Tür auf, vor der er Tina schon wieder beim Lauschen erwischte. Anja und Ruth standen wartend in der offenen Kinderzimmertür. Sie erhofften offensichtlich einen spannenden Bericht von Tina. Horst erhob seine Stimme, er brüllte nicht, es war ja Heiligabend, und rief: «So, nun ist es aber genug! Jetzt wird Opa euch etwas vorlesen und ihr bleibt alle zusammen im Kinderzimmer bis zum Läuten des Weihnachtsglöckchens, und damit Tinas ewiges Rumrennen und an der Tür Horchen endlich vorbei ist, wird die Tür abgeschlossen!»

Opa nahm die Enkelinnen leise schmunzelnd unter seine Fittiche und verschwand mit zwei Weihnachtsbüchern gerüstet hinter der Kinderzimmertür. Bald hörte Rena, wenn sie in die Küche ging, um den Braten zu begießen, Opas beruhigende Stimme durch die Tür.

Später wußte keiner, wer denn eigentlich die Tür abgeschlossen hatte. War das von außen geschehen, oder hatte Opa innen abgeschlossen?

Im Weihnachtszimmer wurden die letzten Kerzen aufgesteckt. Die Spitze war mal wieder – wie eigentlich jedes Jahr –

schief. Rena kritisierte Horsts Werk und fragte: «Willst du das etwa so lassen? Die Spitze ist ja total schief!»

Horst entgegnete: «Jetzt habe ich die Leiter weggebracht. Die hole ich nicht noch einmal. Das bleibt so! Es ist ohnehin schon spät!»

Omis Lametta hing üppig von den oberen Zweigen bis nach unten schön gleichmäßig. Sie fragte: «Soll ich nun die Geschenke aus dem Wäschekorb unter den Baum legen, oder wollt ihr eure erst hinlegen?»

Sie machten es gemeinsam und besahen dann wohlgefällig ihr Werk. Das war doch immer wieder schön. Die Bunten Teller standen vorne an; für jedes Kind einer, für Omi und Opa einer zusammen, ebenso für Rena und Horst. Auch die Zuckerkringel und Marzipanfiguren hingen in den Zweigen und zogen durch ihr Gewicht die Kugeln und Kerzen etwas herunter, aber das machte nichts.

Horst – als Familienoberhaupt – hatte die alte Messingglocke, die wahrscheinlich einmal Schlittenglocke gewesen war, aus dem Keller geholt. Als Weihnachtsglöckchen war sie eigentlich viel zu schwer, aber die Kinder waren an sie gewöhnt und kannten ihren Klang.

Erwähnenswert ist noch, daß Horst sie diesmal wirklich bereit hatte und nicht – wie im Vorjahr – im letzten Moment danach suchen mußte. Nun stand die Glocke neben all den schönen Sachen auf dem Tisch, und Horst überblickte nochmals den Raum und fragte: «Ich glaube, wir können die Kinder und Opa erlösen. Soll ich läuten?»

Omi und Rena waren noch dabei, die Kerzen am Baum anzuzünden. Omi mußte eine Fußbank haben, denn weder sie noch Rena waren so groß, um an die oberen Zweige zu reichen, und Horst hatte ja die Leiter schon lange weggeschafft. Omi meinte: «Ja, ruf mal die Kinder. Opa wird auch vom Vorlesen genug haben!»

Horst öffnete die Tür – klinglingling – schallte es durch die Wohnung, und die drei warteten auf den Ansturm aus dem

Kinderzimmer. Dort rüttelte man an der Tür von innen; Horst ging hin, rüttelte von außen und rief: «Na, Opa, mach doch die Tür auf!»

Opa antwortete: «Ich habe den Schlüssel nicht – den hast du. Du hast doch abgeschlossen!»

Horst hatte ihn nicht, und Omi rief gleich: «Ich habe ihn überhaupt nicht gesehen!»

Tina hatte Angst. Sie fing an zu weinen und rief: «Ich will hier raus, ich mag keine Geschichten mehr hören. Wann ist endlich Bescherung? Hol mich hier raus!»

Schön gesagt! Wer hatte abgeschlossen? Keiner konnte sich erinnern. Jetzt riefen auch Ruth und Anja: «Laßt uns endlich hier raus!» Außen wurde nun beratschlagt, ob Horst über das Verandafenster ins seitliche Kinderzimmerfenster von außen klettern sollte. Rena meinte: «Das ist viel zu gefährlich – wir sind im zweiten Stock. Laß dir bloß was anderes einfallen.»

Omi hörte sich alles an und stellte dann trocken fest: «Am besten ist wohl, ich lösche die Kerzen wieder.»

Tinas Schluchzen wurde immer lauter. Von drinnen und draußen versuchte man ihr gut zuzureden, aber das half wenig.

Die Kinderzimmertür hatte im oberen Viertel eine Mattglasscheibe, die plante Horst jetzt einzuschlagen. Opa sollte dann nacheinander die drei Mädchen hochheben und Horst wollte sie auf der anderen Seite durch das Fenster runterheben. Damit wäre Opa aber noch nicht draußen. Für Tina war das erneuter Anlaß laut zu brüllen, denn ohne ihren Opa wollte sie auch keine Bescherung. Anja und Ruth versicherten: «Wir auch nicht!» Das Fenstereinschlagen wurde also auch wieder verworfen. Nun war guter Rat teuer.

Aus der unteren Wohnung im ersten Stock hörte man leises Klavierspiel und Kinderstimmen «Stille Nacht, Heilige Nacht...» singen.

Opa schlug nun vor, Horst möge doch im Haus bei Nachbarn klingeln und um Schlüssel bitten, die eventuell passen könnten, oder um einen geeigneten Draht mit dem man mit Geschick vielleicht das Schloß öffnen könnte. Wer würde noch die Geduld dafür aufbringen?

Omi hatte sich ergeben mit im Schoß gefalteten Händen in einen Sessel neben den Tannenbaum gesetzt. Renas Braten war jetzt fertig, und sie stand unschlüssig neben Horst, der jetzt entschlossen sagte: «Ich gehe – mal sehen, ob uns das hilft!»

Mit mehreren Schlüsseln und einem hilfreichen Nachbarn, der auch noch einen Draht mitbrachte, kam Horst nach einer Weile wieder.

Mit vereinten Kräften hatten die beiden Männer bald Erfolg mit ihren Versuchen am Schlüsselloch. Tina hatte das Metallgeklirre aufhorchen lassen, und ihr Heulen war verstummt. Omi kam aus ihrem Sessel, in den sie sich geflüchtet hatte, neugierig in den Flur, konnte aber außer den beiden Männerrücken an der Kinderzimmertür nichts entdecken. Plötzlich war da ein lautes Schnappen zu hören – die Tür ging auf, eine völlig verheulte Tina wurde von Opas Arm runtergesetzt, lief auf ihren Papi zu und rief: «Papi, Papi, mach das nie wieder!» Anja und Ruth nahmen je eine Hand von Opa und konnten auch wieder – zwar etwas gequält – lächeln.

Omi holte erneut die Fußbank und steckte mit Rena die Kerzen an. Nachdem Horst sich bei dem Nachbarn für die Hilfe bedankt hatte und ihn zur Tür begleitet hatte, ergriff er die Messingglocke und läutete zum zweitenmal zur Bescherung.

Opa kam mit Anja und Ruth an der Hand rein. Tina hatte Horst nicht mehr losgelassen, und so hatte Horst in einer Hand die Glocke, an der anderen Hand seine Jüngste, die es nun doch geschafft hatte, diesmal zuerst unter dem Weihnachtsbaum zu sein.

Alle stellten sich im Halbkreis um den Baum. Die Kinder stimmten mit Rena «O, du fröhliche, o, du selige...» an, in das Omi und die beiden Männerstimmen einfielen.

Ohne Weihnachtslied war keine Bescherung denkbar – auch nicht nach diesen Hindernissen.

Madeleine Du Mont

Etwas ganz Neues

Wuzzel, die eigentlich Wally hieß, saß auf dem Fußboden und besah Weihnachtsmänner in einem Bilderbuch. Alle hatten einen langen weißen Bart und trugen rote Kapuzenmäntel. Einige fuhren auf großen Schlitten, die von Hirschen oder Rentieren gezogen wurden. Einer mit einem prunkvollen goldenen Schlitten fuhr sogar vierspännig, und dafür ging ein anderer zu Fuß durch eine Dorfstraße und trug einen kleinen Weihnachtsbaum über der Schulter.

Nachdenklich steckte Wuzzel einen Finger in den Mund und schob das Buch beiseite. Dann sprang sie auf und rannte in das sogenannte Arbeitszimmer, wo ihre Mutter gerade für Puppe Berta ein hochmodernes Abendkleid aus allerhand Lümpchen nähte. Bei Wuzzels stürmischem Auftritt schob sie die Puppenrobe rasch unter eine andere Näharbeit.

«Mutti!» rief Wuzzel aufgeregt. «Ja, Wuzzelchen, was ist denn los!» – «Mutti, bist du klug?» – «Na, sagen wir die Hälfte.» – «Aber bist du dann schlau?» – «O ja, wenn es darauf ankommt, dann kann ich schon ganz schön schlau sein.» – «So, dann sag mir doch mal, warum gibt es denn nur Weihnachtsmänner und keine Weihnachtsfrauen?» – «Hm, darüber habe ich noch gar nicht nachgedacht. Vielleicht weil Frauen keinen Bart haben.» – «Als Weihnachtsfrauen brauchen sie doch auch keinen ollen weißen Bart zu haben.»

«Frauen sind aber auch nicht stark genug, um Weihnachtsbäume zu schleppen und große wilde Hirsche zu lenken, die ihre Schlitten mit all den Paketen ziehen.» – «Die Weihnachtsfrauen könnten doch einen Esel nehmen, der alle Pakete trägt.» Lächelnd dachte die Mutter: Das geschieht oft genug, daß ein Esel die Pakete hinter einer Frau hertragen muß und den Inhalt dann auch noch bezahlen darf. – Laut aber sagte sie: «Im Zuge der Gleichberechtigung müßte man wirklich dafür sorgen, daß es nicht nur Weihnachtsmänner, sondern auch Weihnachtsfrauen gibt.» – «Mutti, dann kannst du doch die erste Weihnachtsfrau sein», rief Wuzzel begeistert. «Na ja, ich will es versuchen und mir ganz viel Mühe geben.»

Auf der Treppe waren Schritte zu hören und Wuzzel wußte, der Vater kommt heim. Strahlend rannte sie ihm entgegen. «Papa, ich weiß was ganz Neues!» – «So, so, und was wäre das wieder mal?»

«Wir haben eine Weihnachtsfrau! Die erste und die schönste Weihnachtsfrau auf der ganzen Welt!»

«Das ist ja großartig – und wo kann man diese Weihnachtsfrau sehen?» – «Sie ist im Arbeitszimmer und näht einen Knopf an deine alte Hose. Und jetzt braucht sie nur noch einen Esel, der all ihre Geschenkpakete trägt!»

Elisabeth Gerke

Weihnachten 1944

Es war immer noch Krieg, und mit jedem Tag wurde unser Leben trauriger und trostloser. Um uns herum Hunger, Bomben und Tod. Viele Menschen hatten ihre Heimat und ihr Obdach verloren und wußten nicht wohin.

Ich war neunzehn Jahre alt und wurde einberufen, um als umgeschulte Schlosserin bei einer Hamburger Schiffswerft zu arbeiten. Es war eine harte Zeit. Um sieben Uhr begann mein Arbeitstag am Schraubstock. Der Weg zur Arbeit war weit und der Winter, wie alle Kriegswinter, besonders kalt und lang.

Nun nahte das Weihnachtsfest, und das bescherte uns einen freien Tag. Am 24. Dezember durften wir schon um die Mittagszeit unseren Schraubstock verlassen. Der 2. Feiertag war für uns wieder ein Arbeitstag.

So konnte ich bei meiner Mutter, die fünfzig Kilometer von Hamburg entfernt wohnte, das Weihnachtsfest verbringen. Die Bahnstrecke war einige Male durch Bombentrichter unterbrochen, so daß wir immer wieder marschieren mußten. Am späten Nachmittag kam ich zu Hause an und wurde schon ungeduldig und sehnsüchtig von meiner Mutter erwartet. Außer mir kam niemand. Vater und Bruder waren im Felde, und es gab schon seit Wochen kein Lebenszeichen von ihnen.

Ich war nun total erschöpft und ausgehungert zu Hause angekommen und hatte nur den einen Wunsch mich auszuruhen.

Aber es kam ganz anders.

Am Verhalten meiner Mutter hatte ich schon bemerkt, daß sie etwas Außergewöhnliches mit mir vorhatte.

In unserem Bekannten- und Freundeskreis gab es keinen einzigen Mann. Sie waren Soldaten, vermißt oder nicht mehr am Leben. Meine Mutter hatte nun die Idee, ich könnte die Kinder als Weihnachtsmann bescheren. Sie hatte es bereits überall verkündet. Mir blieb also gar keine andere Wahl. Die Verkleidung war schon hergerichtet, was zu der Zeit sehr schwierig war. Ehe ich mich versah, fand ich mich als Weihnachtsmann vor dem Spiegel wieder. Wirklich wunderschön.

Meine Mutter hatte alle Pakete bei den Familien eingesammelt und sie in einen riesigen Kartoffelsack gesteckt.

Nun schulterte ich den Sack und marschierte zu den nächsten Nachbarn. Die Kinder sagten artig ihre Gedichte auf, und ich fuchtelte mit der Rute herum. Die Kinder hatten mich nicht erkannt. Die Generalprobe hatte ich bestanden. Doch bevor ich mich verabschiedete, mußte ich einen Schnaps trinken. Glühend heiß rann er mir die Kehle hinab. Es war selbstgebrannter Rübenschnaps.

Nun klopfte ich bei der nächsten Familie. Die Kinder sahen mich etwas beklommen an, vielleicht hatten sie sich den Weihnachtsmann etwas anders vorgestellt. Größer und dicker vielleicht. Ich war klein und zu der Zeit ganz dünn. Nach dem üblichen Ablauf mit Gedichten und Weihnachtsliedern wurde mir ein wunderbarer Johannesbeerlikör gereicht, und da ich ihn so lobte, mußte ich noch einen zweiten trinken. Allmählich wurde ich etwas weich in den Knien, und die Zunge wurde schwer. Mit der nächsten Familie, die ich aufsuchte, waren wir verwandt und auch befreundet. Dort waren zwei kleine Mädchen zu bescheren. Die beiden Kleinen starrten gebannt auf meine Stiefel und sagten: «Du Weihnachtsmann, unsere Tante Meta hat ganz genau solche Stiefel wie du.» (Die Tante Meta war meine Mutter.) Die Mutter der Kinder rettete die Situation. Sie sagte ihnen, daß es viele derartige Stiefel gibt. Auch hier wurde ich mit einem Schnaps verabschiedet.

Gott sei Dank hatte ich nur noch zwei kleine Päckchen in meinem Sack. Inzwischen war ich so beschwipst, daß es mir schwerfiel, den Kurs zu halten. Es war stockfinster draußen, und ich hatte große Mühe, das letzte Haus zu finden. An diese Bescherung kann ich mich auch nur verschwommen erinnern.

Mit dem leeren Sack und in einem ziemlich schlimmen Zustand kam ich wieder zu Hause an. Meine Mutter hatte inzwischen unser kärgliches Mahl zubereitet und liebevoll den Tisch gedeckt. An unserem Tannenbäumchen brannten zwei Kerzen, mehr gab es nicht. Alles drehte sich um mich, und ich fiel wie tot auf das Sofa.

Das Festessen mußte auf den nächsten Tag verschoben werden, und unsere eigene Bescherung fiel sowieso aus, denn es gab nichts zu bescheren.

Dieses war das einzige Kriegsweihnachten, an das ich mich oft und gerne erinnere. Die Geschenke für die Kinder waren so ärmlich und bescheiden, aber die Kinder waren glücklich darüber, daß ein richtiger Weihnachtsmann sie ihnen gebracht hatte.

Manfred Richter

Das Festtagsessen

Es war in der Adventszeit, als unsere Kinder Annika, damals zehn Jahre alt, und Gunnar, sechs Jahre, ganz aufgeregt ins Haus kamen und erzählten, daß die Gänse der Familie Twachtmann von gegenüber, die sonst immer laut schnatternd an den Zaun kamen, auf dem ganzen Hof nicht mehr zu sehen sind. Als wir vorsichtig zu erklären versuchten, daß Gänse zu dieser Zeit meist geschlachtet würden, um dann Weihnachten als Festtagsbraten auf den Tisch zu kommen, waren unsere Kinder empört. Diese Empörung steigerte sich zu einem lautstarken Protest unserer sonst so lieben Kinder, als meine Frau und ich nun schon fast schuldbewußt und kleinlaut erwähnten, auch wir hätten bei den Twachtmanns in diesem Jahr eine Gans bestellt. An den Weihnachtstagen solle es dann einen herrlich schmeckenden Braten mit Rotkraut, Kartoffeln und einer pikanten Soße geben. Die Gans würde vorher sogar noch mit Äpfeln und Rosinen gefüllt, bevor sie in die Bratröhre kommt. Und schließlich gäbe es dann auch noch einen ganz leckeren Nachtisch.

Die sonst übliche Frage, was das denn für eine Nachspeise sei, wurde gar nicht mehr gestellt. Gesprächsthema war nur noch Twachtmanns Gans. Als das «arme», gerupfte Tier am Abend in leblosem Zustand in unser Haus kam und schließlich auf dem Küchentisch lag, wurde es von Annika und Gunnar zunächst sprachlos und aus sicherer Entfernung beäugt. Dann wiederholte sich ihr Protest, diesmal etwas lauter und offensiver. Die dabei gefallenen Worte möchte ich nicht im einzelnen wiedergeben. Auf jeden Fall war unsere vorweihnachtliche Stimmung nachhaltig beeinträchtigt.

«Ihr seid gemein! Das könnt ihr allein essen! Kein Stück fassen wir davon an, wir essen nur Kartoffeln mit Rotkraut. Meinetwegen könnt ihr uns noch 'ne Bockwurst geben...»

Eines wurde meiner Frau und mir nun schnell klar: Die große Weihnachtsgans würden wir nun wohl allein essen müssen, und das wahrscheinlich über mehrere Tage. Vielleicht könnte man nach dem 3. oder 4. Tag mit Gänsebraten von dem verbleibenden Rest auch Geflügelsalat machen?

Auf jeden Fall wurden am nächsten Tag noch Bockwürste eingekauft, denn ein Festtagsessen so ganz ohne Fleisch wollten wir unseren Kindern nun auch nicht anbieten. Danach wurde in der Küche mit der Zubereitung der Gans begonnen. Die Kinder hatten sich in ihre Zimmer zurückgezogen, es wurde gebastelt, und man konnte aus dem hinteren Teil des Hauses auch schon wieder weihnachtliche Musik hören. Bei uns war endlich wieder Ruhe eingekehrt.

Die besagten Rosinen und Äpfel kamen in den Gänsebauch, die Gans wurde zugenäht, Beine und Flügel fest mit Zwirn am Körper zusammengebunden. So richtige Vorfreude auf den Festtagsbraten konnte aber bei meiner Frau und mir nicht aufkommen. Immerhin mußten wir mit weiteren Protesten unserer «lieben Kleinen» rechnen, wenn das arme Tier erst braun und knusprig am Weihnachtstag Mittelpunkt der festlich gedeckten Tafel sein würde.

Plötzlich stand Gunnar in der Tür, sah unsere sorgfältig vorbereitete Weihnachtsgans auf dem Küchentisch, und das blanke Entsetzen war in seinen Augen zu sehen. Dann rief er mit schriller Stimme in den Flur: «Annika! Komm schnell her! Jetzt haben sie die Gans auch noch gefesselt!»

Wie waren wir doch gemein. Das Weihnachtsessen bestand dann, wie von unseren Kindern gewünscht, aus zwei verschiedenen Menüs: Rotkraut, Kartoffeln, Soße, und dann jeweils alternativ entweder mit Bockwurst oder Gänsebraten. Eigentlich schade, daß die Kinder den schönen Braten so absolut ablehnten, denn schließlich gibt es in deutschen Küchen ja auch nicht so häufig solch leckeres Essen. Bei uns übrigens seither nicht mehr, und das ist schon seit vier Jahren. Allerdings waren meine Frau und ich auch nicht bereit, am Weihnachtstag mit den Kindern immer Bockwurst mit Rotkraut und Kartoffeln zu essen...

Christel Sievers
Oskar, der Lebkuchenmann

Es war im Nachkriegsjahr 1947, und es war Weihnachten, als sich sein kurzes Dasein abspielte. Oskar, wie ich ihn liebevoll nannte, war ein Lebkuchenmann und mein ganzes Glück am Heiligen Abend.

Wir waren als Flüchtlinge bei meinen Großeltern untergekommen. In jener schlimmen Zeit fehlte es an allem: an Heizung, Kleidung und Essen. Meine Geschwister und ich waren immer hungrig, und deshalb halfen wir willig, den kargen Speiseplan etwas aufzubessern. Wir gingen auf den abgeernteten Feldern Ähren lesen, klopften und rieben die Körner heraus und mahlten diese auf Großmutters alter Kaffeemühle zu einem groben Mehl. Im Wald sammelten wir Bucheckern und pulten mühevoll die Kerne heraus. Auch sie wurden durch die Kaffeemühle gedreht und ersetzten Fett und Nüsse. Um die Freude vollzumachen, brachte ich im Herbst 1947 sogar etwas Zucker aus der Schule mit nach Hause. Unser Lehrer hatte nämlich eine Besichtigung der Zuckerfabrik organisiert, bei der wir uns am Schluß alle ein bißchen Zucker mitnehmen durften. Leider waren wir darauf nicht vorbereitet und hatten keinen Behälter bei uns. Tüten gab es auch nicht, so daß uns nur unsere Strickmützen blieben, die wir mit dem klebrigen braunen Rohzucker vollstopften. Ich bin mir nicht sicher, was damals bei meiner Mutter überwog – die Freude über den Zucker, oder der Kummer über meine verkleisterte Mütze, die einzige, die ich besaß!

Das also war die Vorgeschichte von der Entstehung Oskars, den unsere Mutter aus den derart mühsam erworbenen Backzutaten zauberte. Meine Geschwister bekamen natürlich auch einen Lebkuchenmann auf den ansonsten fast leeren Gabentisch gelegt, aber mein Oskar, mit seinen gelben Augen aus Maiskörnern und Nase und Mund aus weißen Bohnen, war der schönste von allen. Ach, und wie herrlich er duftete! Immer wieder schnupperte ich an ihm herum, und es fiel mir unendlich schwer, ihn nicht zu probieren. Ich verkniff es mir jedoch heldenhaft und nahm mir vor, ihn niemals aufzuessen. Mein ganzes Kinderherz hing an ihm.

Oskar lag nachts in einer alten Zigarrenkiste auf dem Stuhl neben meinem Bett, das in einer winzigen Abstellkammer stand. Tagsüber ließ ich ihn nicht aus den Augen, aus Angst, meine Geschwister könnten ihn anknabbern oder gar aufessen. Eines Nachts nun weckte mich ein merkwürdiges Geräusch, ein unbekanntes Knacken und Kraspeln. Ich schoß in die Höhe und lauschte! Sollte etwa mein Bruder meinen Oskar klauen wollen? Alles war totenstill. Im Dunkeln fühlte ich nach der Zigarrenkiste und atmete erleichtert auf, als sie noch vorhanden war. Hatte ich vielleicht nur geträumt?

Ich kuschelte mich etwas verwirrt unter die Bettdecke und war fast eingeschlafen, als wieder diese seltsamen Geräusche begannen, doch kaum hatte ich mich aufgerichtet, war nichts mehr zu hören. Nachdem sich das Ganze einige Male wiederholt hatte, wollte ich der Sache auf den Grund gehen. Ich tappte zum Lichtschalter und sah mich beim trüben Schein der 25-Watt-Birne um. Nichts Auffälliges war zu sehen und zu hören. Mir wurde kalt in dem ungeheizten Raum. Ich ließ das Licht brennen und legte mich im warmen Bett mucksmäuschenstill auf die Lauer. Da, plötzlich ging es wieder los, dieses Knispern und Knaspern! Ich wagte nicht, mich zu rühren, starrte aber angestrengt in die Richtung, aus der die Geräusche kamen. Bewegte sich da nicht etwas am Fuß der hohen hölzernen Türschwelle? Tatsächlich, ein paar weiße Borsten zitterten hin und her, denen bald ein spitzes Schnäuzchen und ein Paar schwarzer, blanker Knopfaugen folgten. Eine kleine Maus hatte sich ein Loch ins Zimmer geknabbert, was bei den uralten Lehmwänden wohl nicht allzu schwer gewesen war. Kurz darauf war das Loch groß genug, und das Mäuschen huschte heraus. Es suchte offensichtlich nach etwas Freßbarem, in der damaligen Zeit, wo nicht einmal die Menschen satt wurden, ein ziemlich aussichtsloses Unterfangen.

Das arme Tierlein tat mir leid. Ich sah seinem Treiben eine Weile regungslos zu und nannte es in Gedanken zärtlich «armes Karolinchen», aber davon wurde es auch nicht satt. – Wie wäre es, wenn ich heimlich aus der Küche ein Stück Brot mopste? Nein, das ging nicht. Meine Mutter hätte es bestimmt gemerkt, denn die knappen Brotrationen waren genau eingeteilt. Es half alles nichts – ich mußte ein Stückchen von meinem heißgeliebten Oskar opfern. Nach langem inneren Kampf brach ich eine Ecke von seinem rechten Bein ab und legte sie vor das Loch, in das sich Karolinchen geflüchtet hatte, als ich mich bewegte. Lange konnte sie dem verlockenden Duft aber nicht widerstehen. Sie kam heraus und fing heißhungrig an zu fressen. Ich opferte Stückchen für Stückchen, und als sie endlich satt war, hatte mein Oskar keine Beine mehr.

Am nächsten Tag zog mich mein Bruder, der seinen Lebkuchenmann längst restlos vertilgt hatte, mächtig auf, als er den verstümmelten Oskar sah: «Du hast doch gesagt, daß du ihn nie, nie aufessen wolltest!» – Ich sagte kein Wort dazu und hütete mein Geheimnis, um zu verhindern, daß meine Mutter eine Mausefalle aufstellte. Oskar wurde von Nacht zu Nacht kleiner, und ich hatte ihn noch kein einziges Mal probiert. Als nur noch der Kopf übrig war, entdeckte mein Vater das Mauseloch und gipste es kurzerhand zu. Ich habe dann den Kopf mit den Maisaugen aufgegessen, aber geschmeckt hat er mir nicht!

Noch heute, nach rund vierzig Jahren, wenn ich den Weihnachtstrubel und die Berge von Geschenken sehe, denke ich oft heimlich an ihn zurück, an Oskar, den Lebkuchenmann.

Kurt Brinkmann

Sein schönstes Weihnachtsgeschenk

Damals im Herbst 1952 zeigte sich der kommende Winter schon ungewöhnlich früh in Asbest, der kleinen russischen Stadt östlich des Mittleren Urals. Es war gerade Oktober, als der erste Schnee fiel. Und wenn wir bei Sonnenaufgang zum Arbeitsausmarsch am Lagertor standen, kroch uns der morgendliche Frost schon in die Klamotten. Das Lager war für uns Kriegsgefangene – den Wojennoplennij – mit der Zeit so eine Art Zuhause geworden. Wir gingen in den achten Nachkriegswinter hinter Stacheldraht. Nach den leidvollen und kraftzehrenden Jahren in der gefürchteten Strafregion Workuta im Norden des Sowjetlandes arbeiteten wir in Stalingrad, dem heutigen Wolgograd, und halfen dort mit, wieder aufzubauen, was einst im Krieg zerstört worden war. Aber schon im folgenden Frühjahr schickten uns die staatlichen Organe erneut auf «Etappe». Unser Transport ging nach Nordost in den Ural, nach Swerdlowsk und endete schließlich in einem Barackenlager am Ortsrand von Asbest.

Inzwischen hatten wir uns mit der neuen Situation abgefunden und uns eingerichtet, soweit davon unter den Gegebenheiten die Rede sein konnte. Dabei hatten sich gerade in Asbest die Verhältnisse unseres Gefangenenlebens beachtlich gebessert. Seit geraumer Zeit hatte nämlich die Gewahrsamsmacht den über uns verhängten Status für Strafgefangene aufgehoben. Damit entfielen erhebliche Repressalien gegen uns. Wichtigste Erleichterung war die Aufhebung des allgemeinen Schreibverbots. Wir durften nach mehrjähriger Unterbrechung einmal monatlich an unsere Angehörigen nach Deutschland schreiben und von dort Post- und Paketsendungen empfangen. Dies erschien uns zunächst so unwahrscheinlich, daß kaum einer an eine derartige Möglichkeit glauben mochte. Aber das Wunder geschah! Die von uns geschriebenen Doppelkarten der Kriegsgefangenen-Post kamen nach drei bis vier Monaten als Antwort von unseren Familien aus Deutschland zu uns zurück. Und nach schleppendem Anlauf erreichten uns seit dem Sommer 1952 immer mehr Pakete aus der fernen Heimat. Eine nicht zu beschreibende Freude und Hilfe für uns. Das Bewußtsein, die daheim haben uns nicht vergessen, sie denken an uns, stehen zu uns, stärkten Hoffnung und Lebenswillen. Hinzu kam, daß der Hunger aufhörte. Der Ernährungs- und Gesundheitszustand der Gefangenen besserte sich zusehends. Wohl dem, der mit Post- und Paketsendungen bedacht wurde. Aber es gab auch Mitgefangene, denen es trotz mannigfacher Versuche nicht gelang, Verbindung zu ihren Angehörigen zu bekommen. Betroffen davon waren vor allem die aus Ostpreußen, Pommern und Schlesien stammenden Kameraden. Zu ihnen zählte Bruno Plauschien, ein junger Ostpreuße aus Bartenstein. Nachdem der Vater gefallen war, mußte der damals Siebzehnjährige noch kurz vor «Toresschluß» Soldat werden. Er geriet 1945 in Berlin in sowjetische Gefangenschaft. – In Asbest arbeiteten Bruno und ich gemeinsam auf einer Baustelle. Wir faßten Vertrauen zueinander und freundeten uns an. Bruno hatte bis zu dieser Zeit nichts von seinen Leuten daheim gehört. Und dabei versuchten wir alle nur erdenklichen Schliche und Finessen einzusetzen. So schrieb ich unter seinem Absender an meine Mutter und sprach sie als «Tante» an. Ein anderer übernahm Brunos Namen, um seiner «Schwester» zu schreiben. Doch alle Versuche blieben erfolglos. Unser Freund bekam weder Post, noch fand er seinen Namen auf der Liste, die den Glücklichen im Lager eine Paketsendung ankündigte. Traurigkeit und das bedrückende Gefühl des Verlassenseins überkamen den jungen Kameraden. Letzte Hoffnungen, Mutter und Geschwister wiederzufinden, schwanden dahin. Auch der gutgemeinte Trost von Leidensgenossen vermochte da nur wenig zu bewirken. Wußten wir doch nur zu gut: Das Schlimmste für einen Menschen, der jahrelang der Freiheit beraubt ist, sind nicht körperliche Entbehrungen, nicht die ständig spürbare Rechtlosigkeit und nicht die Demütigungen, denen er ausgesetzt ist. Wirklich schlimm ist das völlige Losgelöstsein des Gefangenen von den Menschen, zu denen er im sonstigen Leben gehört hat und mit denen er sich eng verbunden fühlte. Das zerrüttet die Seele, läßt das Gemüt erkranken.

Und dann – kurz vor Weihnachten – trat das Unglaubliche ein. Um diese Zeit kamen zwei Lkws ins Lager, hochbepackt mit Paketen aus der Heimat. Nie zuvor hatte uns ein derartiger Segen erreicht. Zum bevorstehenden Fest schickten nicht nur Angehörige, sondern auch Freunde, Betriebe, Schulklassen, Wohlfahrtsverbände, Heimatstädte und -gemeinden. Als ein paar Tage später die üblichen Listen aushingen, befand sich darauf auch der Name Bruno Plauschien. Bald darauf nahm der Adressat sein erstes Paket in Empfang. Doch neben der übergroßen Freude stand eine schmerzliche Enttäuschung: Die willkommenen Gaben waren nicht von der Mutter, nicht von den Geschwistern. Sie kamen vom Evangelischen Hilfswerk aus Erlangen. Weiterhin also Ungewißheit und Bangen um das Schicksal der Lieben.

Der 24. Dezember 1952 war ein Tag mitten in der Woche. Natürlich mußten wir tagsüber na rabota – zur Arbeit – auf die Baustelle. Als wir bei Einbruch der Dunkelheit ins Lager zurückkehrten, rief uns schon am Eingangstor jemand zu, es sei Kartenpost aus der Heimat eingetroffen und verteilt worden. Die frohe Nachricht trieb uns zur Eile. In freudiger Erwartung hasteten wir über die Lagerstraße in unsere Behausungen. Wurde dort doch die Post für uns verwahrt. Der Barackenälteste händigte die angekommenen Karten sogleich aus. Glückliche Gesichter bei den Empfängern. Eine wundersame Bescherung: Post gerade am Heiligen Abend. Das war eine Freude! – Ich ging leer aus. Damit mußte man leben; mal traf es den einen, mal den anderen. – Plötzlich jedoch, völlig überraschend und ganz unerwartet, stürmte Bruno Plauschien durch den Mittelgang der Baracke auf mich zu und schrie erregt, in der Hand eine Postkarte schwenkend: «Sie leben, sie leben! Ich habe Post von der Mutter!» – Der Krieg hatte Mutter und Geschwister aus Ostpreußen in ein kleines holsteinisches Dorf vertrieben. Dort lebten sie nun. Durch den Suchdienst des Roten Kreuzes hatten sie, nach mehr als sieben Jahren, den Sohn und Bruder ausfindig gemacht.

Bruno betrachtete fortwährend die ein wenig ungelenken Zeilen auf seiner Karte. Er war glückselig und in seinen Augen war ein nie gesehener Glanz. Alle, die um sein Schicksal wußten, freuten sich mit dem jungen Kameraden.

An diesem Heiligen Abend 1952 hockten wir noch lange zusammen, erzählten von zu Hause, und in Gedanken waren wir daheim bei unseren Lieben. Bruno saß neben mir. Aller Wirklichkeit entrückt schaute er immer wieder auf die Postkarte in seiner Hand und wiederholte ständig nur den einen Satz: «Das ist mein schönstes Weihnachtsgeschenk, mein schönstes Weihnachtsgeschenk!»

Ruth Husner
Hansis Weihnachten

Zufrieden und glücklich saßen wir im Weihnachtszimmer – unsere Mutter, meine drei fast erwachsenen Geschwister, sie behaupteten jedenfalls, es zu sein, und ich, das «Kind», gerade acht Jahre alt. Einen Vater gab es in unserer Familie nicht mehr, bei uns sorgte Mutter für alles. So hatte sie auch in diesem Jahr wieder einen Tannenbaum geschmückt, der vom Fußboden bis fast zur Zimmerdecke reichte. Die vielen Kerzen rochen so gut und gaben ein warmes behagliches Licht.

Ich saß auf dem Teppich und zog meiner Puppe das neue Kleid an, das mit anderen Geschenken auf dem Gabentisch gelegen hatte, als unsere Mutter plötzlich sagte: «Hört ihr es auch? Ich meine, es knistert.»

«Nein», sagten meine Geschwister im Chor und sahen von ihren neuen Büchern nicht einmal auf. Diese Frage unserer Mutter wiederholte sich nämlich Jahr für Jahr, wenn die Kerzen am Weihnachtsbaum brannten. «Doch», sagte Mutter, «doch, es knistert.» Sie sprang von ihrem Sessel auf und schaute hinter den Baum. Dann ergriff sie vorsorglich den Schrubberstiel. Bei uns stand immer neben dem Weihnachtsbaum ein gefüllter Wassereimer und ein Schrubber, an dem ein Schwamm befestigt war. Obwohl die Feuerlöschutensilien von einem großen Tannenzweig verdeckt wurden, machte mich der Wassereimer immer beklommen. ‹Hoffentlich sagt sie es nicht›, dachte ich, doch da kam schon der Satz, der mich noch beklommener machte.

«Ein Weihnachtsbaumbrand kann verheerend sein.»

«Die Kerzen brennen ganz ruhig, Mutti», versuchte mein großer Bruder unsere Mutter zu beschwichtigen, «das Geräusch kommt von Elsa, sie knabbert unentwegt Kekse.»

«Dann müßte es bei uns das ganze Jahr über knistern», mischte sich meine Schwester Christa ein.

«Also bitte, Kinder», mahnte Mutter, «keine spitzen Bemerkungen am Weihnachtsabend.»

Da machte es plötzlich ‹plopp›, und ein Kringel fiel vom Baum. «Oh, lecker, Fondant», sagte Elsa, sie war hurtig aufgesprungen, um sich den Kringel zu ergattern. Für etwas Leckeres bewegte sich meine sonst eher träge Schwester Elsa. Da machte es wieder ‹plopp›. Diesmal war ich schneller und holte mir den Kringel.

«Wie eigenartig», wunderte sich unsere Mutter, als der nächste Kringel vom Baum fiel, «es sind die gleichen Konfekthalter wie im vorigen Jahr.»

Eine Weile saßen wir schweigend da und sahen in den Weihnachtsbaum. «Nun ißt Elsa nicht», unterbrach Mutter die Stille, «und trotzdem knistert es.»

«Vielleicht ist es Hansi», meinte Christa, «er knabbert an seinem neuen Hirsekolben, du hast ihm doch einen gegeben?» fragte sie mich.

«Natürlich», sagte ich, «ich vergesse Hansi doch nicht.»

Fünf Köpfe drehten sich zu Hansis Vogelbauer. Der neue Kolben war im Bauer, nur Hansi nicht, das Türchen stand offen. Vier Augenpaare sahen mich vorwurfsvoll an.

«Hansi, wo bist du?» rief Christa. «Wo bist du denn?»

«Wo soll er schon sein», sagte Elsa, «im Weihnachtsbaum und knabbert unsere Kringel.»

«Und die Kerzen brennen», entsetzte sich unsere Mutter, «das arme Tier kann sich die Federn versengen, womöglich den ganzen Baum in Brand setzen.» Resolut griff sie zum Schrubber und tauchte ihn in den Wassereimer.

«Nein!» riefen wir vier, kein Wasser in unseren Weihnachtsbaum.

«Komm, Hansi, komm, komm doch raus, Hansi», lockten wir, während mein Bruder vorsichtig Kerze um Kerze löschte, «komm, Hansi.» Hansi kam nicht.

«Es ist zu dunkel», sagte unsere Mutter und knipste die Deckenlampe an. «Seht ihr ihn jetzt?» fragte sie dann. Eine

Weile waren wir durch das helle Licht geblendet, dann sahen wir Hansi. Er saß neben einem Fondantkringel, ein Füßchen hielt geschickt den Konfekthalter, und knabberte lustig drauf los, bis der durchgeknabberte Kringel vom Baum fiel.

«Komm, Hansi», lockte mein Bruder erneut und hielt ihm einen Finger entgegen, «komm raus, du Frechdachs.»

«Pa», machte Elsa, «so dumm ist Hansi nicht, der feiert Weihnachten. So gut möchte ich es auch mal haben, rundherum Kringel und fast so groß wie ich selber.»

«Piep», machte Hansi wie zur Bestätigung und hüpfte ein paar Äste höher. Wir standen um den Baum herum und versuchten vergeblich, unseren Hansi herunterzulocken. Er fand es im Weihnachtsbaum schöner und knabberte nun die Zuckerkügelchen von den Schokoladenkränzen ab.

«Langsam müßte Hansi von all dem Zucker Durst haben», sagte Elsa, «ich hole mal sein Wassernäpfchen.»

«Ha», machte mein Bruder, «Elsa kennt sich aus.»

«Bitte, Kinder», wiederholte Mutter, «keine spitzen Bemerkungen am Weihnachtsabend.» Elsa kam mit dem Wassernäpfchen und hatte recht. Hansi sah sein Näpfchen und hüpfte auf den Rand. Geschickt griff Elsa zu und beförderte Hansi und Napf in den Vogelbauer. Erleichtert standen wir vor dem Bauer und sahen Hansi zu. Er trank viel, dann hüpfte er auf seinen Schlafplatz und zupfte sich, bevor er ein Beinchen einzog, etwas Engelshaar aus seinem Gefieder. Hansi zwinkerte uns noch einmal schläfrig an, dann fielen ihm die Äuglein zu.

«Hansi hatte seine Weihnachten», sagte Elsa zu unserer Mutter, «er ist rundherum satt. Bekommen wir jetzt auch was? Es riecht so lecker aus der Küche.»

«O ja», sagte Mutter, «der schöne Braten, den haben wir nach der Aufregung wirklich verdient.»

«Und zünden die Kerzen wieder an?» fragte ich kleinlaut.

«Natürlich, Kind», sagte Mutter und strich mir über das Haar. «Aber neue...»

«Die alten sind schon zu weit heruntergebrannt, sie könnten die Zweige ansengen», ergänzten meine großen Geschwister den Satz und lachten. «Ach ihr», lachte unsere Mutter.

Bernd Wittmaack

Auf hoher See

Der Hamburger Hafen sah im Jahre 1863 so aus, wie man ihn von alten Fotos und Bildern her kennt. Ein Meer von Masten, Rahen und Wanten, soweit das Auge reichte. Tausende von Seeleuten bevölkerten die Stadt und das Umland. Und einer von ihnen war Heinrich Bessen, von dem diese Geschichte erzählt.

Heinrich Bessen war wie viele seiner Berufskollegen bereits als Fünfzehnjähriger mit der Seefahrt als Schiffsjunge angefangen und hatte es nach langen und harten, entbehrungsreichen Jahren zum Steuermann gebracht. Eine viermonatige Liegezeit, die sein Schiff in der Werft verbringen mußte, nutzte er, um seine langjährige Freundin und Verlobte Lina Kalert zu heiraten. Das Glück der beiden Jungvermählten war aber nur von kurzer Dauer, denn die Werftliegezeit war vorbei. Das Vollschiff «Elfrieda» der Reederei August Bolten lag auslaufbereit am Kai zur weiten Reise ums Kap Horn nach Valparaiso.

Der Abschied war um so schmerzlicher für Heinrich Bessen, als seine Lina ihm sagte, daß sie ein Kind von ihm unter dem Herzen trage.

Die Reise nahm anfangs einen guten Verlauf. Sie hatten nach vierzehn Seetagen den englischen Kanal hinter sich gebracht und kamen auch gut durch die berüchtigte Biskaya. Nach dem Passieren der Kanarischen Inseln wurden die Tage heiß, und die Nächte wurden von den meisten Mitgliedern der Besatzung an Oberdeck verbracht, weil es unter Deck vor Wärme kaum auszuhalten war.

In so einer Nacht passierte es. Am Besanmast zeigte sich ein Elmsfeuer. Es knisterte und leuchtete fast eine Minute lang in seiner bläulichen weißen Flamme und ließ den Seeleuten an Bord trotz der Wärme das Blut in den Adern gefrieren.

Alle wußten jetzt, daß diese Reise unter einem schlechten Stern steht und kein gutes Ende nehmen wird.

Aber die Bordroutine vertrieb die trüben Gedanken. Unter der Ausnutzung des Brasilstromes kamen sie unbeschadet und schnell durch die brüllenden Vierziger und umrundeten das Kap Horn. Es zeigte sich wieder mal, daß die «Elfrieda» ein gutes und handiges Schiff war und die Besatzung aus erfahrenen Seeleuten bestand.

Unter dem Schutz der Küste Chiles laufend, erreichten sie fünfundachtzig Tage nach Verlassen des Kanals den Hafen von Valparaiso. Die Liegezeit von zwölf Tagen wurde von den Seeleuten natürlich ausgiebig genutzt. Wer keine Tätigkeit an Bord verrichten mußte, ging an Land und brachte seine Heuer unter die Leute.

Nur Heinrich Bessen beteiligte sich nicht an diesen Gelagen, denn er dachte immerzu an seine Lina in Hamburg und an das dunkle Vorzeichen, das ihnen im Südatlantik soviel Furcht eingeflößt hatte.

Und noch etwas Ungewöhnliches geschah. Beim Ablegemanöver sprang im letzten Moment der treue Bordhund Pico mit einem riesigen Satz an Land und wurde nie wieder gesehen. Vielleicht spürte er das nahende Unheil.

Die Roaring Forties zeigten sich bei der Rückreise von ihrer unfreundlichen Seite, und die Besatzung hatte alle Hände voll zu tun, um sicher und ohne Havarie ums Kap Horn in den Südatlantik zu kommen.

Wegen des schlechten Wetters liefen sie durch die Magellanstraße, um dann zwischen den Falkland-Inseln und Argentinien in freundlichere Gewässer vorzustoßen. Nach Passieren des 40. Breitengrades beruhigte sich das Wetter, und es ging mit gutem Wind Richtung Norden.

An Bord bereitete man sich jetzt auf das bevorstehende Weihnachtsfest vor. Die Mannschaftsmesse wurde mit Bordmitteln ausgeschmückt, und aus der Kombüse kam ein Geruch, wie ihn ein Seemann nur von zu Hause her kannte. Der Alte hatte ein Schwein zum Schlachten freigegeben, und die Stimmung der Besatzung war in Höchstform.

Der 24. Dezember begann wie die anderen Tage vorher mit einem herrlichen Sonnenaufgang. Die See war ungewöhnlich ruhig für diese Jahreszeit und der Kapitän machte sich schon etwas Sorgen um seinen Zeitplan.

An diesem Morgen erschien der Kapitän mit ernstem Gesicht an Deck und befahl der Besatzung, das Schiff für einen schweren Sturm seeklar zu machen. Das Barometer fiel wie ein Stein, und auch die Temperatur hatte merklich abgenommen; obwohl der Himmel strahlend blau war und der Horizont klar zu erkennen – war dies ein untrügliches Zeichen für ein aufziehendes Unwetter.

Fluchend ging die Besatzung an die Arbeit, weil nun der Braten in weite Ferne gerückt war. Es wurden an Deck Strecktaue gespannt, die Ladung nochmals festgezurrt und die Takelage einer genauen Kontrolle unterzogen.

Das alles passierte keine Stunde zu früh. Denn kaum waren sie mit ihrer Arbeit fertig, verschwand die Sonne hinter einem milchigen Wolkenschleier, der Horizont war nicht mehr klar zu erkennen, die ehemals tiefblaue See färbte sich grasgrün, und die eben noch hellgrauen Wolken wurden zusehends dunkler. Obwohl die Uhr die Nachmittagszeit anzeigte, war es dunkle Nacht. Es herrschte Totenstille. Die an den unteren Rahen befestigten Sturmsegel hingen schlaff herunter. Doch plötzlich hörte man etwas. Es war ein leises Rauschen, das sich langsam immer lauter werdend dem Schiff näherte. Es fuhr ein Wind in die Segel, der der Takelage und den Wanten ein noch nie gehörtes Geräusch entlockte.

Es war ein Heulen und Jaulen wie von einem gequälten Tier, und dann brach mit einer Urgewalt ein Sturm auf das Schiff herein wie es noch keiner der Mannschaft je erlebt hatte. Die Sturmsegel flogen mit lautem Knall in Fetzen davon, und in die wild um sich schlagende Takelage donnerte die erste überkommende See. Schwer legte sich das Schiff auf die Seite. Mit Entsetzen hörte die Mannschaft das Donnern aus dem Laderaum. Ein Teil der Ladung hatte sich losgerissen und verstärkte noch die Schlagseite. Die nächste See wusch das Rettungsboot über Bord und donnerte mit voller Gewalt in die aufgebrochenen Lukendeckel. Die Mastspitzen berührten die hochgehende See, die das Schiff in wenigen Minuten verschlang.

An diesem Heiligen Abend 1863, an dem der Steuermann Heinrich Bessen in der aufgewühlten See um sein Leben kämpfte, wurde in Hamburg ein Kind geboren. Hatte jemand sein abwechselndes Fluchen und Beten bei dem Kampf um sein Leben gehört?

Die Antwort darauf werden wir nie erfahren. Zwei Tage später wurde der halb ertrunkene Heinrich Bessen als einziger Überlebender aus der See gefischt. Ein vorbeikommender Segler hatte sein Rufen und Winken gehört. Zwei Monate später schloß er glücklich seine Frau und den lütten Stammhalter in die Arme.

Sanaa Baghdadi Biank

Kulturmißverständnisse oder Vorurteile???

Beinahe hätte ich geheult, als Helmut mich fragte: «Sag mal, was hast du mir geschenkt, ist das eine Opiumpfeife?»

Ich fühlte mich so tief gekränkt. Da ich meine Leute in Ägypten angerufen und sie darum gebeten hatte, mir diesen

Talisman zu besorgen, der Helmut in seinem neuen Lebensjahr Glück bringen sollte. Es hatte mich schon Nerven gekostet, bis diese Frauenfigur, die einen Wasserkrug auf dem Kopf trägt und in meiner Heimat als Symbol des Glücks gilt, endlich in meinen Händen war, und dann kam die Frage: «Ist das eine Opiumpfeife?»

Da habe ich mir geschworen: Nie wieder mache ich einem Deutschen ein Geschenk.

Was denken sie eigentlich? Halten sie uns alle für Rauschgiftsüchtige oder Händler? Ach, ich war so enttäuscht!

Am liebsten hätte ich mit keinem oder keiner Deutschen mehr gesprochen. Aber das ging natürlich nicht, wie sollte ich das vermeiden. Und außerdem mag ich eine Reihe von Deutschen, und unter denen habe ich eine Menge Freunde. So bemühte ich mich, den Zwischenfall zu vergessen. Aber ganz aus dem Kopf kam mir die Bemerkung meines damals besten Freundes nicht. Und dann kam es wieder zu einem Mißverständnis, wenn auch ganz anderer Art.

Es war am Nikolaustag. Als ich nach Hause kam, fand ich an meiner Türklinke viele kleine eingewickelte Dinge, mit farbigen Bändchen umbunden. Ich ahnte, wer mir diese Überraschung machen wollte, und freute mich sehr über die kleinen, süßen Dinge, die mit Liebe und Geduld eingepackt waren.

Das konnte nur Melie gewesen sein, meine beste Freundin.

Ich wickelte neugierig die kleinen Geschenke aus und dachte mir: ‹Melie hat aber Geduld, ich möchte gern wissen, wie lange sie gebraucht hat, um all diese winzigen Dinge einzupacken?›

In den Päckchen waren Schokolade und eine Nikolausfigur. Als ich das Papier wegräumen wollte, klingelte das Telefon. Es war Melie, die mich fröhlich begrüßte und fragte: «Na, hast du den Kalender bekommen?»

«Welchen Kalender?» fragte ich erstaunt zurück.

«Den Weihnachtskalender!»

«Nein, einen Weihnachtskalender habe ich nicht bekommen, aber viele kleine Päckchen, sag mal wie lange hast du gebraucht, um die alle einzupacken?»

«Hast du sie etwa alle ausgepackt?»

Ich spürte Melies Enttäuschung, als ich ihre Frage bejahte... Ich merkte, daß ich was Falsches gemacht hatte.

Ich wußte nicht, daß es ein Weihnachtskalender sein sollte; in meiner Heimat kannte ich so was nicht. Ich versuchte, mich bei Melie zu entschuldigen, aber es war zu spät. Und als ich den Hörer auflegte, dachte ich an meine Reaktion damals, als ich Helmut etwas schenkte.

Also, das sind die Mißverständnisse, die im Grunde nur auf den fremden Kulturkreis zurückzuführen sind, uns aber einander nicht näherkommen lassen, dachte ich.

Reiner Schrader

Weihnachtsfahrt mit der Eisenbahn

Wir mußten früh aufstehen, um den Zug nach Cuxhaven zu erreichen. Es war noch Nacht, als meine Mutter mich weckte. «Komm, es ist soweit.» Ich zog mich schnell an, wegen der Kälte und wegen der Aufregung. Die Sachen standen schon bereit, wir hatten nicht mehr viel Zeit. Meine Mutter schnappte sich den großen Koffer, ich mußte die Tasche tragen.

Ich hatte gleich das Gefühl, daß damit was nicht stimmte. Eine dicke, dunkle Ledertasche. Keine Reisetasche, eher ein unförmiger, aus den Fugen geratener Aktenkoffer. Und schwer, viel zu schwer für eine Reise, dachte ich. Was da wohl drin sei, fragte ich neugierig. Aber ich bekam nur eine ausweichende Antwort.

Ich schleppte das Ding tapfer zum Bahnhof. Aber es ließ mir keine Ruhe: Warum sagte sie es mir nicht? Vielleicht konnte ich einen Blick riskieren, heimlich, ohne daß meine Mutter es merkte. Verstohlen nestelte ich an der breiten, straffgespannten Schnalle, die über den Rücken der Tasche lief, immer wieder, bis mir schließlich klar wurde, daß sie fest verschlossen war, richtig mit Schloß und Schlüssel. Seltsam...

Während der ganzen Fahrt mußte ich auf diese Tasche starren. Paß gut darauf auf, hatte mir meine Mutter gesagt, es ist etwas Wichtiges darin. Etwas Wichtiges?... Etwas Wichtiges?

Der Zug jagte heulend durch die Nacht. Es war pechfinster. Nur die weißen Schwaden aus dem Schornstein der Lok huschten gespenstisch am Abteilfenster vorbei. Manchmal stieg mir der Rauch in die Nase, würzig wie das Fernweh selbst, und ich sog ihn gierig ein.

Cuxhaven! Wie hatte ich mich auf diese Reise gefreut! Die Stadt, das Wasser, der Schrei der Möwen, die Alte Liebe mit ihren grünlich-morschen Planken, gegen die unablässig die Wellen klatschten, Onkel und Tante, die sich aufmerksam um mich bemühen würden, die blonden Nachbarskinder.

Und jetzt Weihnachten! Weit weg von den grauen Mauern des Ruhrgebiets, von der Luft, die sich so schwer wie Kohle auf den Atem legte – unter reinliche, rote Dächer, über die der Seewind strich, zu diesen Menschen mit ihrer besonderen Sprache und ihrer bedächtigen, aber herzlichen Freundlichkeit, die ich schon damals zu schätzen wußte. In die rauhe Winterstille des Nordens – und mit einem Rätsel, dessen Hüter ich war.

Wie lange es wohl dauern würde? Das Schwarz der Dunkelheit wich langsam einem tiefen Blau. Aus den fernen Lichtern wurden allmählich Häuser, Laternen, Autos. Wo sind wir jetzt? Endlich – Diepholz. Kurz, wie fragend der Ruf des Bahnbeamten: Diepholz!?

Es klang mir wie Musik in den Ohren, wie ein Echo von Wind und Meer...

Schwer und behäbig ruhte die Tasche im Gepäcknetz, geheimnisvoll und unerreichbar. Etwas Wichtiges? Mir wollte einfach nichts einfallen. Für Onkel und Tante sicher, was sonst? Aber was? Bald würde ich es wissen...

Jetzt sind wir schon in Osterholz. Osterholz-Scharmbeck! Wieder dieser melodische, fast wehmütige Ruf, wie eine Klage aus Fremde und Einsamkeit.

Das Blau hatte sich in eine bleiche Helligkeit verwandelt. Es war Tag, Cuxhaven rückte immer näher. Der Zug durchschnitt die Dörfer, die Felder, kraftvoll, unaufhaltsam. An den Schranken standen Menschen und winkten.

Die Namen der Orte, die wir passierten, klangen immer nördlicher. Und dann tauchte endlich der Wasserturm auf. Hier teilten sich die Schienen, liefen vielstrahlig blitzend auf die Stadt zu, und in den flüchtigen Qualm der Bahn mischte sich zum erstenmal der starke Geruch von Fisch und Fischmehl.

Vergiß deine Tasche nicht! Meine Mutter brauchte es mir nicht zweimal zu sagen. Schon flogen die Türen auf – Cuxhaven! Jetzt nur noch durch die Sperre, die Wandelhalle, dann links in die Wernerstraße bis zum Ostblock. Wieder schleppte ich dieses sperrige Monster, aber gleich wäre es ja überstanden – und das Geheimnis gelüftet.

An der Ecke bei Schuster roch es nach Krabben. Noch ein paar Meter, jetzt die knarrende Holztreppe hoch, klingeln und: Wir sind da!

Es dauerte nicht mehr lange bis zur Bescherung. Bloß diese kleine Ewigkeit, die man fühlt, wenn man erst sieben ist. Endlich öffnete sich die Tür, und ich durfte in die gute Stube. Die Großen standen feierlich in Reih und Glied und blickten mich erwartungsvoll an. Ich sah – und traute meinen Augen nicht: Da war eine Eisenbahn. Ein großes, metallenes Rund mit Lämpchen, Schienen und Weichen, mit einer kurzen

Dampflokomotive und unzähligen Güter- und Personenwagen, grünen, blauen, braunen und gelben – was das Herz nur begehrt. Und daneben – ich sehe es noch genau vor mir – ein wenig drohend der massige, schwarze Leib eines Transformators.

Meine erste Eisenbahn! Ich war wie verzaubert. Ich hatte nur noch Augen für dieses Weihnachtswunderwerk, das so schön und verlockend vor mir stand wie ein Traum und doch wirklich und wahrhaftig war, so wirklich wie die Lichter, die vom Christbaum strahlten.

Und die Tasche? Ich hatte sie völlig vergessen. Sie muß in irgendeiner Ecke gelegen haben, kläglich, unnütz – und viel zu leicht ohne ihr schönes Geheimnis...

Ingrid Stielau

Weihnachten – was ist das schon?

«Dreimal werden wir noch wach...» trällerte ich in Erinnerung an längst vergangene Weihnachten. Die Melodie ging mir nicht aus dem Sinn, während ich Vorbereitungen für die kommenden Feiertage traf. Wie freute ich mich auf das Fest! Meine Mutter würde kommen, unser liebenswerter Onkel Rudi und natürlich die Kinder. Der Duft des Christstollens erfüllte das Haus, und auch der Wunsch nach einer weißen Weihnacht schien sich zu erfüllen.

«Schnee! Sieh nur!» hatte Helmut frühmorgens verkündet und mich mit seinem Ruf zeitiger als üblich aus dem Bett gelockt.

Als ich die kleinen, meinen Lieben zugedachten Geschenke aus dem Schrank hervorholte, läutete das Telefon. Ich erschrak. Eine Absage meiner Mutter oder Onkel Rudis?

«Ach, Beate, du bist es!» rief ich erleichtert aus, als mich unsere Älteste begrüßte. Aber dann nahm ich in ihrer Stimme einen Unterton wahr, der mich aufhorchen ließ. Und wirklich, als ich vom Christfest sprach, sagte sie:

«Übrigens, ich komme nicht zu euch in diesem Jahr, bleibe bei meinen Freunden!»

«Aber Kind, wir haben doch immer alle zusammen Weihnachten gefeiert!» Es gelang mir nicht, meine Enttäuschung zu verbergen. «Dann feiert ihr diesmal eben ohne mich. Kannst mich doch nicht einfach einplanen! Und Weihnachten – was ist das schon? Ihr Älteren habt eure Vorstellung, wir unsere!»

Nur mühsam gewann ich meine Fassung zurück.

«Deine Freunde – haben die denn kein Zuhause?»

«Markus' Vater fliegt südwärts, und den anderen geht es wie mir, irgendwann muß die Gängelei mal aufhören!»

«Niemand will dich gängeln, Beate. Bisher hat dir unsere Art Weihnachten zu feiern, doch immer gefallen? Und...»

«Bisher ja», unterbrach sie mich ungeduldig, «aber in diesem Jahr hab ich eben keinen Bock auf Weihnachten!»

Obgleich ich die Weigerung Beates, das Christfest im Schoße der Familie zu verbringen, schmerzlich empfand, wußte ich, daß ich ihre Entscheidung respektieren mußte. Trotzdem hoffte ich immer noch, von Beate zu hören, als sich die Familie am Tag des Heiligen Abends um den Kaffeetisch versammelt hatte. Ich zwang mich zu lächeln und unterdrückte während des Gottesdienstes in unserer kleinen Dorfkirche nur mühsam die Tränen.

Als wir das Festessen richteten, klopfte es. Meine Mutter blickte mich fragend an.

«Das wird die neue Nachbarin sein», vermutete ich, «sie wollte ihren Schlüssel bei uns abgeben.» Aber dann – täuschte ich mich auch nicht? Ich erkannte Beates Stimme.

Beate zögerte, erwiderte meine Umarmung aber herzlich. «Das ist Markus!» stellte sie mir einen jungen Mann vor, der etwas verlegen: «Ich hoffe, ich störe nicht!» murmelte.

Nein, Markus störte in keiner Weise. Er genoß das Essen mit sichtlichem Behagen, zeigte reges Interesse an Helmuts Hobbies, hörte aufmerksam den langatmigen Erzählungen meiner Mutter zu, lachte herzhaft über Onkel Rudis Anekdoten und fand auch beim jungen Volk freundliche Aufnahme.

«Darf ich mich zu Ihnen setzen?» fragte Markus, als wir nach dem Essen zusammen Punsch tranken. Ich nickte ihm zu.

«Ich finde, daß Weihnachtenfeiern durchaus nicht altmodisch ist!» meinte er. «Bei uns in der Clique wollte angeblich niemand mit seiner Familie feiern – alles nur Gerede! Heute nachmittag, als wir zusammen Kaffee tranken, verdrückte sich so ganz allmählich einer nach dem anderen, bis Beate und ich allein zurückblieben. Obgleich sie sich bemühte, es nicht zu zeigen, spürte ich, daß sie traurig war, und erzählte ihr von den schönen Festen bei uns daheim, als meine Mutter noch lebte. Das interessierte sie sehr, und sie überredete mich, mit hierher zu kommen. Ich muß sagen, ich bin froh darüber!»

«Auch ich freue mich», erwiderte ich und empfand es auf einmal nicht mehr als selbstverständlich, sondern als ein Geschenk, daß sich an diesem Heiligen Abend noch einmal all unsere Lieben um uns versammelt hatten.

Swantje Krause

Feuerwerk

Heiligabend werd' ich spenden,
Heiligabend geb' ich Geld,
denn kein Kind soll heut' verenden,
niemand leiden auf der Welt!

Doch morgen ist's mir einerlei,
ob einer stirbt oder auch zwei,
die Schonzeit ist dann aufgehoben
und auf das nächste Jahr verschoben.

Silvester ist es mir dann gleich,
ob einer arm, der and're reich,
der Glanz der Weihnacht ist verblichen
und schließlich wird nur ausgeglichen.
Was mancher leichtfertig gespendet,
wird endlich sinnvoller verwendet.

Ein Feuerwerk am Himmelszelt –
vielleicht sieht's auch die Dritte Welt!

Hilde Wohlenberg

Wiehnachtsmann sien Umschmieter

De längste Dag in't Johr, dat weer doch jümmer Wiehnachtenobend. Wat schull so'n lütten Jung von fief Johr blots den ganzen Dag moken? In de Stuuv döss he ni rin wegen den Dannboom, un Mudder harr ok ni so recht Tiet för em. Den Vörmittag harr he noch ganz goot rumkreegen mit Geschenke inpacken un noch gau een Bild molen för Oma. Man de Nohmiddag weer noch jüst so lang. Sien Voter, de nehm em mit no'n Stall; he schull de Kalber Heu geben un de Kaninken fodern. Doch denn seet he wedder in de Köök un tööv. Mudder weer nu rutgohn to'n melken, ober vörher harr se em dat Radio anstellt.

Dor geev dat feine Musik, un ok Wiehnachtsgeschichten wörn vorleest. So kunn de lütt Thorsten sick ganz kommodig de Tiet vertrieben.

Doch wat weer dat op Mol? De Jung sett sick piel op un wull ni glöben, wat de Mann in't Radio dor vertelln de: «Wir unterbrechen unsere heutige Weihnachtssendung für eine wichtige Nachricht aus dem Verkehrsstudio...» Thorsten sprung man so in de Gummisteeveln un suus rut no'n Stall. «Mudder!» reep he. «Weeßt, wat se eben in't Radio seggt hebbt? De Wiehnachtsmann is mit sien Schleeden umkippt, un nu kummt he hüt Obend wat loter, wiel he allens wedder insammeln mutt! Wenn man bloots allns heel bleeben is!» Rein ut de Pust weer de lütt Kerl. Sien Mudder nehm en in Arm un tröst em: «Goh man wedder rin un hör to, ob se noch wat melden doot, vielleicht is gor nich so schlimm worrn.»

Un so weer dat denn ok komen. Wohl duur dat noch beeten bit to de Bescherung, doch denn weer dat sowiet. De Angst weer ümsonst ween. Thorsten kreeg een smucken Buurhof, wo he glieks sien Trecker un sien Maschinen ünnerstellen de. Ok an Tier'n harr de Wiehnachtsmann dacht: Een poor Kööh un Peer hörn dorto. Doch wat weer dat? Een Peerd harr doch wohrhafti keen Steert! «Mudder», reep de Jung, «nu is doch noch wat scheefgohn mit den Wiehnachtsmann sien Umschmieter. Bi düt Peerd is de Steert afbroken, as de Schleeden umkippt is.»

Dat düt Molhör biet Inpacken passeert weer, dat kunn lütt Thorsten je ni weeten.

Anne E. Lorenz

Meine unvergessenen Weihnachten

Woran liegt es nur, daß man viele Weihnachtsfeste vergißt, einige aber so lebendig in Erinnerung behält, als seien sie erst gestern gewesen?

Das erste der drei Weihnachtsfeste, die sich meinem Gedächtnis eingeprägt haben, führt mich zurück in das Jahr 1946. Unser Haus war von der britischen Besatzungsmacht beschlagnahmt worden; meine Eltern und wir vier Kinder mußten die uns zugewiesene Dreizimmerwohnung mit einer dreiköpfigen Flüchtlingsfamilie teilen.

Einen Weihnachtsbaum hatten wir besorgen können, aber keine Kerzen. Und doch stand der Baum an diesem Heiligen Abend im Licht. Mein ältester Bruder hatte unser kleines, in den Frieden hinübergerettetes Kinderkino angeschaltet und den Lichtkegel auf den Baum gerichtet, ihn angestrahlt, wie man es heute mit einem berühmten Bauwerk oder einer Kirche tut. Ich weiß sogar noch, was ich als Geschenk bekam: ein Holz-Federkästchen für die Schule und eines jener ersten, schlicht gehefteten, graupapiernen Kinderbücher der Nachkriegszeit.

Nun muß ich in meiner Erinnerung einen großen Zeitsprung machen, denn bei meiner zweiten weihnachtlichen Momentaufnahme bin ich 34 Jahre alt und habe selbst vier Kinder. Mein Mann und ich wissen zu diesem Zeitpunkt schon, daß wir uns bald trennen werden. Ahnen die Kinder es auch?

Sonderbarerweise haben wir in diesem Jahr ungewöhnlich viele Geschenke für die Kinder gekauft. Als wir die Spielsachen an die vier verteilen – immer mehr und immer mehr – durchfährt mich wie ein Blitzstrahl der Gedanke: «Was tun wir nur? Warum geben wir den Kindern so viele Dinge?» Sie scheinen sich auch kaum zu freuen. Fühlen sie, daß wir mit Spielzeug zudecken, was wir ihnen an Geborgenheit entziehen wollen? Ich denke es, aber ich sage nichts.

Bei der dritten Erinnerung bin ich am Heiligen Abend zum erstenmal allein. Seit fast fünfzehn Jahren bin ich geschieden. Die Kinder sind zum Studium oder zur Ausbildung von mir weggezogen. Heute abend sind sie bei ihrem Vater, der in einer anderen Stadt lebt. Am zweiten Feiertag werden vielleicht zwei von ihnen zu mir kommen.

Ich habe keinen Weihnachtsbaum, nur ein paar Tannenzweige in einer Vase mit einer Kerze dazwischen. Zum erstenmal fühle ich so etwas wie die Einsamkeit des Alters.

Über fünfzig Weihnachtsabende habe ich erlebt und die meisten von ihnen vergessen. Warum nur diese drei nicht?

Anette Kröckertskothen
Die besondere Geschenkidee

Wie alljährlich in der Vorweihnachtszeit, begann auch bei uns das Grübeln über geeignete Geschenke bereits im November. Angeregt durch Zeitschriften und Fernsehreklame machte sich jeder seine eigenen Gedanken, wie er seine Lieben am besten erfreuen könnte.

Für mich stand dieses Jahr fest, daß ich mich ein bißchen von der Allgemeinheit abheben wollte. Ein wenig Individualismus, gepaart mit Humor und Einfallsreichtum, so dachte ich, würde sicher mehr erfreuen, als große, teure aber unpersönliche Geschenke, auf die das Wort «Überraschung» nur noch in den seltensten Fällen paßt.

Das Fest der Liebe findet bei uns nach alter Tradition im Kreise der Familie statt, was bei uns heißt: Meine Eltern, mein Bruder mit Frau und seinen beiden Töchtern im Alter von vier und sieben Jahren und ich.

Allen guten Vorsätzen zum Trotz, fehlte mir jedoch der zündende Gedanke. So versuchte ich, mich also auch durch die Werbung inspirieren zu lassen und kaufte für jeden eine, wie ich meinte, passende Kleinigkeit.

Nur meine umwerfende Idee blieb aus. Jedenfalls bis zu jenem Tag, als ich mehr durch Zufall eine alternativ aufgemachte Zeitung entdeckte. In dieser Zeitung fiel mir eine Anzeige auf. Sie zeigte einen bilderbuchmäßigen Weihnachtsmann, mit dem Satz: «Ich komme Weihnachten zu Ihnen!»

Da hatte ich meine Idee! Das wäre der Clou! Ein Spaß für die Erwachsenen und sicherlich eine riesige Freude für die Kinder. Aus meiner Kindheit, die ja noch gar nicht so lange zurücklag, wußte ich noch, daß ich immer auf den Weihnachtsmann gewartet hatte, er aber immer für mich unsichtbar, allein im Wohnzimmer, hantierte.

Noch am gleichen Tag rief ich die angegebene Telefonnummer an und engagierte den vermeintlichen Weihnachtsmann für Heiligabend um 19 Uhr. Einige Tage später schon brachte ich ihm sämtliche Päckchen und eine Liste mit den guten und nicht ganz so guten Taten der einzelnen Familienmitglieder im Verlauf des letzten Jahres.

Trotz meiner zwanzig Jahre fieberte ich nun dem Heiligen Abend wie ein kleines Kind entgegen. Ich war mir des Erfolges meiner Idee sicher und auf die sicherlich erstaunten Gesichter gespannt. So etwas hat es schließlich in unserer Familie noch nicht gegeben.

Nun, die Zeit rennt und in der Vorweihnachtszeit, mit all ihren Vorbereitungen und Adventsfeiern, hätte sie gute olympische Chancen. Ehe ich mich versah, war der «große Tag» da.

Die Familie meines Bruders erschien pünktlich zum Kaffee. Bei Kerzenlicht und Weihnachtsmusik wurde Gebäck geknabbert und mit den Kindern gespielt.

Mir fiel auf, daß sich meine Eltern zeitweilig etwas eigenartig verhielten, aber ich gab nichts darauf, führte es eben auf die festliche Stimmung zurück.

Erst als wir gegen 17 Uhr immer noch nicht aus dem Wohnzimmer verjagt wurden, wurde ich stutzig. Sonst war es üblich, ab 17 Uhr das Wohnzimmer für den Weihnachtsmann verschlossen zu halten, damit er in Ruhe arbeiten kann.

Nun gut, ich fragte nicht weiter nach und sagte mir, daß auch alten Gewohnheiten mal der Bart abgeschnitten wird. So übersah ich diese ungewöhnliche Neuerung.

Wir Frauen begannen mit der Vorbereitung des traditionellen Weihnachtskarpfens, der auch in diesem Jahr nicht fehlen sollte.

Mitten hinein klingelte es gegen 18 Uhr an der Haustür. Wer sollte das sein? Sollte sich etwa mein Weihnachtsmann in der Zeit geirrt haben? Als ich noch überlegte, war meine Mutter schon zur Haustür gehetzt, von der aus man jetzt deutlich Glockengeläut vernehmen konnte.

Ich ging hinaus – das durfte doch wohl nicht wahr sein! Ein Weihnachtsmann, wirklich und wahrhaftig, von meinen Eltern engagiert. Die Überraschung war gelungen, die beiden Mädchen freuten sich riesig.

Tja, mein Weihnachtsmann erschien pünktlich um 19 Uhr. Auch jetzt wurde noch herrlich gelacht, obwohl die Mädchen schon anfingen, Fragen zu stellen.

Eine Stunde später erreichte der lustige Heiligabend seinen Höhepunkt, als nämlich der bestellte Weihnachtsmann meines Bruders unser Heim aufsuchte. Ebenfalls gespickt mit Päckchen und einer großen Liste mit Stichworten für einen gelungenen Abend.

Wir haben an diesem ja eigentlich stillen Fest so viel gelacht, wie schon lange nicht mehr.

Nächstes Jahr werden die Kinder ihre Wunschzettel allerdings gleich an die Eltern senden, denn die Aufklärung über den Weihnachtsmann erhielten die beiden vom letzten verkleideten Studenten beim Karpfenessen als Gratiszugabe.

Helga Schütze

Weihnachten 1941

Sechs Jahre alt war ich zwei Wochen vorher geworden, und wie geheimnis- und erwartungsvoll war jeder dieser letzten Vorweihnachtstage. Und wie lang. Die Zeit wollte und wollte nicht vergehen. Noch im Nachthemd lief ich morgens durch die Zimmer, fand hier ein Streifchen Lametta, dort ein Strähnchen Engelhaar. Oh, was spielte sich da in meiner Phantasie alles ab... Kaum auszuhalten war es, bis es dämmrig wurde, und der Himmel sich von der Glut der großen Himmelsbacköfen roter und roter färbte. «Guckt, Christkindchen backt», sagten die alten Leute zu uns, und wir Kinder standen mit großen Augen – staunend und still. Wir sahen sie ja vor uns, die pausbäckigen Engel, wie sie mit riesigen Blechen voll mit den köstlichen Weihnachtsplätzchen hin- und herrannten und die Bunten Teller der Kinder damit auffüllten. Und immer noch trennte uns eine Nacht und fast ein Tag von diesen Herrlichkeiten.

Für das Nachtgebet fand ich kaum Zeit, und auch die allabendliche Bitte, der liebe Gott möge Onkel Helmut und Onkel Walter – zwei Brüder meiner Mutter – sowie alle anderen Soldaten beschützen, rappelte ich nur so herunter, in der festen Überzeugung, es würde mir in Anbetracht einer so wichtigen Angelegenheit wie des Heiligen Abends bestimmt verziehen. Dabei nahm ich es sonst sehr ernst mit der Bitte, besonders für meinen Lieblingsonkel Helmut. Von beiden – Onkel Walter war irgendwo in Rußland – hatten wir seit langem nichts gehört, und es machte mich traurig, daß meine Großeltern und meine Eltern so bedrückt waren. Ich hoffte sehr, daß das Weihnachtsfest, zu dem meine Großeltern zu uns kamen, alle ein wenig fröhlich machen würde.

Am Vormittag des 24. Dezember war es trüb und grau. Meine Mutter war draußen an der Wäscheleine. Ich lief zu ihr und reichte ihr Klammern. Da hörte ich leise und mit merkwürdiger Stimme meinen Namen rufen. Ich sah mich um, konnte aber nichts entdecken. Da, wieder hörte ich meinen Namen. Es klang, als käme die Stimme aus einem Bettbezug. Mir wurde ein bißchen unheimlich, meine Mutter tat, als bemerkte sie nichts. Grad, als ich mich dem Bezug vorsichtig näherte, geriet dieser furchtbar in Bewegung, und ich sah ein

Paar schwarze Schuhe und ein Stück graue Hosen darunter vorgucken. Dann wurde der Bezug zur Seite geschoben und – dahinter stand mein Onkel Helmut. Erst war ich erschrokken. Ich hatte ihn lange nicht gesehen und noch gar nicht in Uniform. Aber dann rannte ich los, und er nahm mich in die Arme, warf mich hoch und drehte sich mit mir im Kreise.

Nun war ich völlig überdreht und wußte nicht, was ich zuerst und zuletzt machen sollte. Das mußten doch alle wissen! Die Nachbarn, meine Freundin, meine Tante und mein Cousin, die ein paar Häuser weiter wohnten. Am liebsten wäre ich auch sofort zu meinen Großeltern gerannt, aber das erlaubte meine Mutter nicht. Wir wohnten am Stadtrand von Bielefeld, und der Weg führte fast nur durch Wald und vorbei an Feldern. Da meine Großeltern ohnehin bald kommen würden, sollte es für sie eine große Überraschung und das schönste Weihnachtsgeschenk werden. Hätte ich doch bloß ein Fahrrad gehabt. So ein rotes mit grauen Streifen wie meine Freundin Karola. Ob vielleicht heute abend...??

Irgendwie vergingen die Stunden, und es wurde dämmrig. Meine Großeltern kamen und endlich auch mein Vater.

Da in diesem Jahr niemand mit mir zur Christvesper ging, lief ich zu meiner Tante. Dort war auch Onkel Helmut. Sie freute sich natürlich, daß er zum Fest ein paar Tage Urlaub bekommen hatte, aber konnte ihren Kummer darüber nicht verbergen, daß sie von ihrem Mann Walter – meinem anderen Onkel – schon Wochen nichts gehört hatte. Mein Cousin und ich gingen nach draußen. Als wir ins Haus gerufen wurden, war mein Onkel verschwunden. Schnell ging ich nach Hause. Später würde auch meine Tante mit meinem Cousin zu uns kommen. Meine Großeltern saßen in der Küche, wo es schon so richtig nach Weihnachtsabend duftete. Ich zog mir ein langes weißes Nachthemd an, band mir eine Goldkordel um und löste meine Zöpfe. Meine Eltern taten sehr geheimnisvoll und geschäftig und von meinem Onkel war nichts zu sehen. Endlich klingelte das Glöckchen. Wir gingen ins Wohnzimmer, und ich dachte, daß wir wieder einmal den schönsten Baum der Welt hatten. Meine Eltern und Großeltern hatten sich um den großen Tisch gesetzt, ich saß auf einer Fußbank vor dem Baum. Mein Vater stimmte das Lied «Am Weihnachtsbaume» an, und wir anderen fielen mit ein. Meine Großmutter mit dünner, zitternder Stimme, und meinem Großvater liefen – während er sang – unentwegt Tränen über die Wangen. Da geschah plötzlich etwas mit dem Baum. Er bewegte sich, geriet förmlich ins Wanken. Die Kerzen flackerten, und hinter den Zweigen schob sich Onkel Helmut hervor. Alle waren ganz stumm, dann weinte und schluchzte meine Großmutter so furchtbar, daß ich es gar nicht begreifen konnte, dachte ich doch, sie müßte vor Freude aufspringen und lachen. Weil nun alle weinten, habe ich auch mitgeweint, sah aber – trotz der Tränen – hinter dem Baum ein Fahrrad. Nein, rot war es nicht. Pechschwarz! Mit Gesundheitslenker! Aber, was war schon ein rotes gegen dieses. Auch ein Puppenwagen mit einer Puppe stand da noch, und auf dem Teller lag ein rosiges Marzipanschwein. Inzwischen waren meine Tante und mein Cousin gekommen. Alle redeten nun durcheinander, weinten, lachten und umarmten sich, und für mich und mein Gedicht schien sich keiner zu interessieren. Nur mein Cousin verdrehte die Augen, tippte sich an die Stirn – wegen meines Engelsgewandes – und zog ständig an meinen Haaren, was mich furchtbar wütend machte.

– Irgendwann fuhr Onkel Helmut dann mit meinem Fahrrad um den Tisch und warf die neue Puppe in die Luft, woraufhin sie «Mama» rief, was wir ihr bis dahin vergeblich abzulocken versucht hatten. – Im Zimmer war es inzwischen so warm und meine Müdigkeit so groß, daß ich, ohne Abendbrot, inmitten meiner Geschenke einschlief. An diesem 24. Dezember war wirklich alles anders als sonst.

Am letzten Tag im Jahr, am Silvestermorgen, kam die

Nachricht, daß Onkel Walter den Heldentod für Führer und Vaterland gestorben sei. Gefallen in Rußland, irgendwo am Wolchow.

Berndt Warda
Auf Wache keine besonderen Vorkommnisse

Immer wenn sich die Weihnachtszeit in meiner nun schon 28jährigen Dienstzeit in der niedersächsischen Schutzpolizei nähert und der Sonder-Dienstplan des Schichtdienstes zum Weihnachtsfest und zur Jahreswende aufgestellt wird, werde ich an eine Begebenheit erinnert, die sich am «Heiligen Abend» 1963 auf der Unterkunftswache der Bereitschaftspolizei Braunschweig zugetragen hatte. Damals als junger Unterführer des 2. Zuges der 5. Ausbildungshundertschaft fiel das Los, die Unterkunftswache vom 24. 12. auf den 25. Dezember mit zu stellen, auch auf mich.

Als sich dann der Zeitpunkt des Wachbeginns näherte und ich mit fünf Kameraden des 2. Zuges den Wachraum betrat, um die Kollegen nach einem vorgeschriebenen Dienstschema abzulösen, und wir uns mit dem Ablauf der Dienstnacht vertraut gemacht hatten, stieg in mir das Gefühl auf, jetzt werde ich die «Heilige Nacht» zum erstenmal nicht im vertrauten Elternhaus, sondern wachend in Uniform (damals noch im dunkelblauen Tuch) in einem nicht alltäglichen Dienst erleben.

Ich bemühte mich, es mir nicht anmerken zu lassen, denn gegenüber meinen Kameraden war ich der Wachvorgesetzte, der jetzt bloß nicht unmännlich sentimentale Regungen zeigen durfte. Als der Schranken-, Tor- und Streifendienst längst eingeteilt war und wir bereits einige Stunden absolviert hatten, wurde uns die Stille im Kasernenbereich bewußt, denn außer den beiden Bereitschaftszügen beherbergten die Unterkünfte wegen der Weihnachtsregelung keine Kollegen mehr.

Unsere Gesprächsthemen, zuerst noch mit Scherzen angereichert, verflachten. Auch die obligatorischen Weihnachtsteller und Tüten mit Knuspergebäck vom Kantinenwirt, der Polizeigewerkschaft und der damaligen Stadtoberbürgermeisterin, die vor unserer Wache mit einer Ratsdelegation erschienen war, standen nun unbeachtet und schon teilweise geplündert herum. Bis auf die Hofstreife, die irgendwo auf dem Gelände ihren Weg abschritt, lauschten wir der Weihnachtsmusik aus dem Radio. Ein Fernsehgerät war vor fünfundzwanzig Jahren in einer Polizeiwache undenkbar. Ich verfolgte den Tanz der Flocken des einsetzenden Schneeschauers, die platschend vorbeihuschten oder an den Fensterscheiben zerplatzten. Sie hinterließen an den Glasscheiben senkrechte Wasserspuren, die sich an den waagerechten Fenstersprossen stauten. Es war unwirklich, weil der sonst übliche alltägliche Kasernenbetrieb das Wachgeschehen mitgestaltete. Auch den strengen Wachkontrollen brauchten wir nicht gespannt entgegensehen. Der mit Glühketten behangene Tannenbaum, der fast in einer Richtung mit dem gehobenen Schlagbaum stand, bog wiegend seine Äste.

An der Außenseite des Fensters war ein Spiegel befestigt, dessen Einstellwinkel es ermöglichte, vom Wachschreibtisch den Eingangsbereich der Haupteingangspforte zur Kaserne einzusehen.

Als dann plötzlich schnarrend die Klingel der Pforte anschlug, schaute ich in den besagten Fensterspiegel und konnte schemenhaft vor dem Tor mehrere Personen erkennen, die dichtgedrängt durch die Stäbe in Richtung Wacheingang schauten. Der Torschließer, der zu dieser Funktion laut Wachbuch eingeteilt war, zog etwas mürrisch den Mantel an, setzte tief ins Gesicht die Mütze auf und ging murmelnd hinaus. Nach geraumer Zeit erschienen im Wachraum sechs Erwachsene und vier Kinder, die noch Schneereste an ihrer Kleidung hatten. Aus der Gruppe löste sich ein älterer Herr.

«Wir sind die Nachbarn von gegenüber... und dachten, als bei uns im Haus die Geschenke verteilt waren, an die Polizei auf Posten... und jetzt Kinder, singt das verabredete Lied!» Als unbekümmert durch Kindermund, manchmal etwas tonabweichend der erste Vers von «Stille Nacht, Heilige Nacht» erklang, sah ich keinen Kollegen mehr sitzen, weil wohl jeder die Kinder singen sehen wollte.

Eine Frau stellte eine große Kaffeekanne auf den Wachtisch, noch mit einer Kannenhaube bedeckt, wie es damals üblich war. «Und hier ist der Christstollen dazu», erklärte eine andere junge Frau. «Wir wünschen ein gesegnetes Weihnachtsfest... Jungens», hörten wir den älteren Herren als Wortführer sagen, «damit dieser Abend nicht so trist für euch ist.» Als sich unser anfängliches Befremden zunehmend lockerte und wir alle Sitzgelegenheiten gefunden hatten, bahnten sich Gespräche an, die ich heute nicht mehr genau wiedergeben kann. Wir sprachen über unsere Herkunft, die Ausbildung, unsere Wünsche und natürlich über die tolle Idee, uns auf der Wache zu besuchen.

Ich schaute oft verstohlen auf den älteren Herrn und suchte nach Ähnlichkeiten, die auf meinen Vater paßten.

Nun liegen fünfundzwanzig Jahre hinter mir, und der Kalender zeigt die «roten Felder» der Weihnachtstage und Neujahr erneut, und ich denke an die fremden Menschen, die sich damals einfach nur als Nachbarn bezeichneten.

Susanne Auffarth

Weihnachten – damals

Wenn man alt wird, dann war ja früher immer alles viel schöner; vielleicht weil man weiß, daß alles, was geschehen ist, nie wieder sein kann. Nie wieder. Außerdem, meine ich, lag Weihnachten immer Schnee, der von Frost und kalter Sonne knirschte.

Wir Kinder bauten Schneemänner, liefen Schlittschuh auf dem zugefrorenen Mühlenteich, rodelten um die Wette den Mühlenberg herunter und saßen endlich mit roten Backen, müde, aber glücklich und zufrieden in der warmen Küche auf der Holzkiste am Herd und sahen der Mutter zu, die herrlich duftende Plätzchen und dickleibige Stollen backte. Manchmal durften wir die Sterne, Tannenbäume und Weihnachtsmänner aus dem Teig stechen. Hin und wieder zerbrach einer der kostbaren Kringel, und wir durften ihn aufessen und hatten schon einen Vorgeschmack auf die Herrlichkeiten am Weihnachtsabend.

In den Vorweihnachtswochen wurde nicht so viel gefeiert wie heute, alle warteten nur auf das eine, große Fest. Die Erwachsenen hatten viel mehr Zeit.

Am Heiligen Abend blieb das Wohnzimmer verschlossen. Mein Bruder schlich leise vor die Tür, um durchs Schlüsselloch zu sehen, während ich furchtsam hinter ihm stand. Was würde geschehen, wenn die Tür aufging und das Christkind heraustrat?

Niemals werde ich die Andacht vergessen, mit der ich einen zerbrochenen Schaumkringel auf der Holzkiste in der Küche verzehrte. Meine Mutter brachte ihn mir aus dem Weihnachtszimmer und sagte, das Christkind habe ihn fallenlassen.

Um uns Kinder abzulenken, bat meine Mutter meinen Bruder und mich, die Weihnachtsgans zu stoppeln. Da uns das aber viel zu langweilig war, kamen wir auf den glorreichen Gedanken, die Gans über das offene Feuer im Herdloch zu halten, dann mußten ja die Stoppeln abbrennen – dachten wir. Aber die fette Gans tropfte ihr Fett in die immer höher schlagenden Flammen, so daß wir schließlich voller Angst um Hilfe schrien. Die schwarzgebrannten Federkiele in der Gänsehaut gaben beredtes Zeugnis unserer Erfindungsgabe.

Kurz vor Weihnachten durfte ich mit meiner Mutter in die Stadt fahren zum Einkaufen. Jedesmal staunte ich über die vielen Straßenlampen und die hell erleuchteten Schaufenster, während es doch abends bei uns im Dorf stockduster war.

Im Kaufhaus Ramelow war immer ein Schaufenster mit einer Märchenszene dekoriert. Das war für mich das Höchste. Ich konnte lange, lange davorstehen: Aschenputtel, Frau Holle, den Froschkönig, Dornröschen oder Hans im Glück leibhaftig vor mir zu sehen, das machte mich sprachlos. Ich träumte. O ja, ich träumte – einmal, einmal mußte ja eine Zeit kommen, wo ich auch eine Prinzessin werden würde. Bestimmt. Aber mein Bruder tippte sich an die Stirn, wenn ich dergleichen geheimnisvoll anzudeuten versuchte.

Der Höhepunkt jedes vorweihnachtlichen Stadtbesuchs war die Einkaufspause im Café Harder. Da saß ich nun auf den grauen Kaffeehausplüschsesseln und war im Geist noch immer mit den wunderbaren Dingen beschäftigt, die ich gesehen hatte.

Am ersten Weihnachtstag besuchten wir Dorfkinder uns gegenseitig, bestaunten die überall anders geschmückten Weihnachtsbäume und bewunderten unsere Geschenke. Bei uns zu Haus hingen zwischen Engelshaar und ganz altem silbernen Baumschmuck geschnitzte Engel mit Posaunen und Flöten, die im Erzgebirge angefertigt worden waren, und ein goldenes Glöckchen, womit das Christkind uns Kinder in das Weihnachtszimmer rief. Und dann hingen im Baum die herrlichen Schaumringe, die es bei Café Harder gab, rot und weiß, mit Schokolade beringt oder mit bunten Zuckerkügelchen bestreut. Immer durfte jeder, der kam, sich den schönsten herausnehmen, und der schmeckte köstlicher als eben dergleiche, den man auf seinem Bunten Teller liegen hatte. –

Was aus dem allen geworden ist? Erinnerungen, dankbar empfundene Erinnerungen an – damals.

Gundula Wirries
Christmas in Dallas

Wahre Erlebnisse einer Austauschschülerin

Letztes Jahr habe ich Weihnachten in Amerika, genauer gesagt in Dallas, Texas, mit meiner Gastfamilie gefeiert, bei der ich zehn Monate gelebt habe. Kurz darauf schrieb ich diesen Brief an meine Eltern in *«Good Old Germany»*.

Liebe Mami! Lieber Papi!

Weihnachten ist schon einige Tage her, und es wird Zeit, daß ich Euch mal wieder schreibe: Also, meine Geschichte beginnt drei Tage vor Weihnachten. Wir haben noch Schule, es ist viel zu warm, der Tagesablauf ist einfach viel zu normal, als daß man sich weihnachtlich fühlt. Nicht einmal das Haus ist richtig geschmückt, bis auf den ausgetauschten Fußabtreter, auf dem anstatt «Welcome» nun «Merry Christmas» steht.

Wie Ihr ja schon wißt, muß meine Familie zur Zeit noch viele Rechnungen bezahlen und hat kein Geld für unnütze Dinge; so zum Beispiel auch nicht für einen Weihnachtsbaum, der auch in Amerika ziemlich teuer ist.

Wir saßen gerade beim Abendessen. Alle waren da bis auf den Vater, da hatte «mein großer Gastbruder» Joel plötzlich eine tolle Idee: «Zur Zeit», so sagte er, «sind die Weihnachtsbäume wirklich viel zu teuer, aber wie wäre es, wenn wir drei Tage nach Weihnachten, also am 27. Dezember, feiern würden, da gibt es doch Bäume an allen Ecken im Sonderangebot.» Wir waren begeistert von dieser Idee. Wir wußten, daß Jerry, der Vater, wenn er davon gehört hätte, Weihnachten glatt später gefeiert hätte. Wir nahmen uns aber vor, ihn nicht auf diesen Gedanken zu bringen.

An diesem Abend wurde im Fernsehen zum 999tenmal der Weihnachtsfilm *«It's a wonderful life»* gezeigt, bei dem dann die ganze Familie zum 999tenmal davor saß und zuguckte. Aber es schien, als ob alle angespannt nachdachten, woher man doch noch rechtzeitig einen Weihnachtsbaum bekommen könnte.

Am nächsten Morgen erschien mir der Tag mal wieder wie jeder andere. Aber es war ja der letzte Schultag, fiel mir ein, und ich machte mich frohen Mutes auf den Weg zur Schule. Im Wetterbericht wurde morgens gesagt, um Punkt 14 Uhr wird es anfangen zu schneien, aber wer glaubt schon daran?!

Die Schule war wie ein riesiger Bienenschwarm: Tausend Schüler liefen durch die Gegend, tausend Schüler suchten ihre Weihnachtskarten an die Freunde zu bringen, tausend Schüler sprachen darüber, was sie in den Ferien machen werden, und dreißig Lehrer versuchten, ihnen doch noch etwas Wissenswertes beizubringen. Aber auch sie waren von der geheimnisvollen Stimmung angesteckt.

Und da geschah es: Auf die Sekunde genau, um 14 Uhr, fiel die erste Schneeflocke. Einige andere Austauschschüler und ich staunten über die freudige Panik, die so plötzlich ausbrach. Als kurz darauf der Unterricht für beendet erklärt wurde, da mußten wir lachen, bis uns die Luft wegblieb. Das hatten wir ja nun doch nicht erwartet, was dieses bißchen Schnee hier auslöst. Aber so unsinnig erschien es uns dann doch nicht mehr, als wir im Schneesturm durch den schon 30 cm hohen Schnee nach Hause stapften. Viele Schüler, die sonst mit Autos kamen, ließen sich heute von ihren Eltern chauffieren.

Mit Schneeflocken auf Haaren und Jacke und einer rotgefrorenen Nase kam ich zu Hause an. Als ich ins Wohnzimmer trat, knisterte bereits ein gemütliches Feuer im Kamin. Ellen, die Mutter, stand in der Küche und backte Weihnachtskekse. Das ganze Haus war nun richtig gemütlich und weihnachtlich gestimmt. Nur noch der Tannenbaum fehlte.

Wir fingen schon mit dem Mittagessen an, obwohl «mein kleiner Gastbruder» Jonathan noch fehlte. Plötzlich ging knatschend die Gartentür auf, wir hörten jemand angestrengt keuchen und etwas durch den Schnee schleifen. Joel guckte erstaunt um die Ecke und staunte noch mehr, als er seinen Bruder erblickte, der mit rotem Gesicht einen riesigen Tannenbaum betrachtete, der neben ihm im Schnee lag.

Überrascht sprangen wir alle auf und liefen ihm entgegen. Laut redeten wir durcheinander, bis er uns mit spitzbübischem Grinsen die ständig gerufene Frage beantwortete, woher er ihn denn nun habe. Er erzählte uns, daß dies der Schultannenbaum sei. Der Direktor hätte nicht gewußt, wohin damit, und er, Jonathan, habe ihm diese Frage sofort beantwortet. Erfreut wurde ihm und einem Freund der Baum überlassen. Eine Meile weit mußten die beiden nun diese Tanne durch den Schnee schleifen. Was wohl die anderen Leute gedacht haben? Der Baum war größer als die beiden Jungen zusammen, und zu Fuß geht in Amerika eh keiner. Aber immerhin mußte Weihnachten jetzt nicht mehr «ausfallen».

So naß wie er war konnte der Weihnachtsbaum nicht ins Wohnzimmer. Da Weihnachten immer viel zu schnell kommt, mußte der Baum auch sofort getrocknet werden. Aber bloß wie? Und wieder hatte jemand die tolle Idee, den Baum in die Garage zu stellen und dort trocken zu föhnen. Also standen meine beiden «Brüder» und ich mit Ventilatoren und Föhnen drumherum und föhnten und föhnten und föhnten... und irgendwann hatten wir es geschafft. Doch wie sollte er jetzt aufgestellt werden? Na, ein Glück, sind wir in Amerika, wo die Geschäfte Tag und Nacht geöffnet sind, und konnten noch schnell einen Ständer kaufen. Und endlich, nachdem der Weihnachtsbaum schon einige Male umgekippt war, stand er doch. Aber die Gefahr des Umkippens blieb. So durften alle, um das Wohnzimmer zu durchqueren, nicht den üblichen Weg benutzen, da der zu nah am Baum vorbeiging, sondern mußten über die Couch klettern. Nun waren wir vorbereitet, und Weihnachten konnte kommen.

Die Feier wurde sehr schön, auch wenn mein Gastvater sich die ganze Zeit über American Football anschauen «mußte». Wir hatten viel Spaß, es kam viel Besuch, Schwestern des Vaters aus allen Teilen Amerikas brachten Geschenke mit. Wir saßen gemütlich zusammen, redeten, und Freddy, unsere Hauskatze, schnurrte vor Wohlbehagen. Und dies alles erinnerte mich dann doch sehr an Weihnachten mit Euch in Deutschland.

Nun bin ich neugierig, wie Ihr, Mami, Papi, Weihnachten erlebt habt. Schreibt mir bald!

Tschüß Gundi

Klaus Tätzler

Tim und der Tannenbaum mit der blauen Kugel

Schnee fiel lautlos vom Himmel. Den Kopf fest auf beide Hände gestützt, stand der kleine Tim auf der Eckbank in der warmen Küche und blickte hinaus. Während hinter ihm die Großmutter mit allerlei Küchenarbeit beschäftigt sein mochte, versuchte er dort oben, zwischen den schnell ziehenden Wolken, ein einzelnes weißes Flöckchen, ganz fest ins Auge zu fassen und ihm hinunter, bis dort drüben, in Klausens Garten zu folgen. Manche Flocke landete weich bei ihren Brüdern und Schwestern, die schon eine gemütliche kleine Haube über dem Vordach des Eingangs bildeten, andere, die im wilden Wind daherstoben, klammerten sich an den dunklen Fichten, die das Haus überragten, fest und überzogen sie allmählich mit einer weißen Puderzuckerschicht, einige fielen jedoch in den Rinnstein oder auf die Straße und lösten sich auf, oder sie segelten in ein Fenster, schmolzen und liefen wie Tränen an den warmen Scheiben herab.

Tim hob den Kopf und stellte sich auf die Zehenspitzen, um besser sehen zu können. Draußen tauchte aus dem wirbelnden Schneegestöber der große Wagen des Großvaters auf und hielt vor dem Haus. Der weiße Dampf des Autos mischte sich mit den immer dichter fallenden Flocken, und schemenhaft sah Tim den Großvater winken.

Tim glitt von der Eckbank herunter, schlüpfte schnell in seine Gummistiefel, packte Jacke und Mütze, rannte mit einem lauten «Tschüß» für die Großmutter nach draußen und verschwand im Auto.

Großvater hatte den Wagen gerade aus der Werkstatt geholt, und nun fuhren sie zum Gärtner Leihold, um, wie jedes Jahr, den Tannenbaum zu holen. Dort angekommen, genehmigte sich der Großvater erst einmal, an einem kleinen Unterstand, einen Glühwein. Tim stromerte unterdessen durch die dicht verschneiten Weihnachtstannen, die hier in einer kleinen Schonung beisammen standen. Und so fand er ihn; auf einer kleinen Lichtung – alle umstehenden Bäumchen hatten schon ihre Weihnachtsfamilie gefunden – stand ein kleines, fast schmächtiges, zartes Bäumchen, ganz allein. Der mußte es sein. Der Großvater fand ihn zwar «bischen lütt», aber er nahm ihn schließlich doch. Und als er dann zu

Hause an seinem Platz stand, geheimnisvoll nach Wald und Weihnacht duftend, da liebten ihn alle.

Nun begann das Schmücken. Großmutter holte aus dem Keller die Kartons und Kistchen mit dem Weihnachtsschmuck, und Tim hängte seine dunkelblaue Lieblingskugel, in der sich alles so fein und klar spiegeln konnte, gleich unter die silberne Spitze, aber etwas versteckt hinter die dunklen Zweige.

Und so kam der Abend. Vater und Mutter, die noch bis in den späten Nachmittag hinein gearbeitet hatten, waren schließlich doch noch gekommen, man hatte gut gegessen, und die dunkel süße Stunde der Bescherung war da. Die Kerzen am kleinen Tannenbaum tauchten das ganze Zimmer in ein duftendes warmes Licht, und die Mutter nahm Tims rotglänzende Wangen in ihre müden, unendlich zarten Hände und gab ihm einen dicken Kuß. «Na denn», sagte der Großvater. Doch bevor Tim die erste Schleife eines Päckchens löste, glaubte er für einen Moment zu sehen, daß am Fenster Eisblumen schimmerten.

Monica Paulsen

Alle Jahre wieder...

Wie oft hat Großmutter uns die Geschichte später erzählt und dabei gelächelt, so als wolle sie Großvater nachträglich um Verzeihung bitten. Hätte sie es damals doch nur ein einziges Mal getan, Weihnachten hätte sicherlich nicht jedes Jahr wieder mit diesen Mißtönen begonnen.

Das Drama zeichnete sich immer schon ab, wenn Großvater mit großen und schweren Schritten auf seinen Kaninchenstall zusteuerte. Dort stand er, der Baum, schräg angelehnt und noch verschnürt. Aber das sollte sich gleich ändern!

Großvater trug den Baum unter dem Arm in den Hof. Er zerschnitt das Band. Vorsichtig bog er die Zweige auseinander. Mehrmals stampfte er mit dem Stamm auf den hartgefrorenen Boden. Das war das Zeichen für Großmutters Auftritt. Sogleich erschien sie am Küchenfenster. Ihre Blicke verrieten nichts Gutes! Ob Großvater wußte, daß von nun an jeder seiner Handgriffe aufmerksam beobachtet wurde? Seine Ruhe und seine Unbekümmertheit ließen nichts erkennen. Seelenruhig schlug er mit dem Beil die Rinde vom unteren Stammende. Das etwas wackelige Holzkreuz wurde mit zwei, drei Schlägen wieder hergerichtet und der Baum eingepaßt. Großvater verschränkte die Arme über der Brust und steckte seine Pfeife an, ein sicheres Zeichen seiner Zufriedenheit. Ganz anders Großmutter! Ihr Kopf erschien mehrmals am Fenster. Sie hatte für alles nur ein Kopfschütteln übrig. Und dann die Sache mit den Zweigen! Schließlich war für Großvater ein Weihnachtsbaum nicht irgendein Tannenbaum. Großvater zog sein Brillenfutteral aus der Jacke. Mit seiner Nickelbrille musterte er den Baum von allen Seiten. Blick und Gesten ähnelten einem Modeschöpfer, der hier und da noch etwas an seinem Modell auszusetzen hat. Natürlich hatte er sofort die kahlen Stellen entdeckt. Behutsam schnitt er aus dem Inneren des Baumes einige Zweige heraus, spitzte sie mit dem Taschenmesser an und legte sie vor sich auf den Boden. Was Großmutter bis dahin gemacht hatte, weiß ich nicht. Auf jeden Fall öffnete sie genau in dem Augenblick ungeduldig das Fenster, als Großvater anfing, den kahlen Stamm mit einem Korkenzieher anzubohren. Und wie in jedem Jahr rief sie auch diesmal Großvater zu: «Aber Karl! Er ist nun einmal so gewachsen. Laß ihn doch wie er ist. Wenn er geschmückt ist, fällt es gar nicht mehr auf. Außerdem ist es gleich Mittag, und es gibt noch eine Menge zu tun!» Oben wurde das Fenster geräuschvoll zugeschlagen, in der Hoffnung, Großvater hätte alles gehört und würde den Baum ins Haus bringen. Unten wurden indes weiter liebevoll Zweige in die Bohrlöcher gesteckt. Wo sie nicht paßten, wurden sie wieder herausgezogen, gekürzt, neu angespitzt und eingepaßt. Wieder ging Großvater um den Baum herum, zupfte hier und da an ihm. Nie im Leben hätte Großvater den Baum ins Weihnachtszimmer gestellt, ohne ihm die fehlenden Zweige zu verpassen!

Dann war es endlich soweit. Das Glöckchen läutete, die Tür wurde geöffnet und da standen sie: der Weihnachtsbaum in seinem Glanz, Großmutter mit einem verklärten Leuchten in den Augen und Großvater mit unendlichem Stolz im Gesicht, einig darin, daß es dieses Jahr der schönste Weihnachtsbaum sei, den sie je gehabt hätten!

Berthold Mund

Der «verpfefferte» Heilige Abend

Gern erinnere ich mich an die heimeligen Adventsabende meiner Kinderzeit, an den trauten Kerzenschein, spüre noch die wohlige Wärme des großen Kachelofens, höre das Summen und Brausen im Wasserkessel, der wintertags in der Röhre stand, höre und rieche das Zischen, Spritzen und Puffen der Bratäpfel, die meine Mutter immer parat hatte, schmecke jenen einmaligen Geschmack der mit Butter, Zimt und Zucker verschönten Früchte.

Ich erinnere mich an die Bescherungsprozedur, die Erfüllung großer Träume, die am Heiligen Abend genauso ablief wie in den anderen Familien: Hoffnung, Glaube – Wirklichkeit und Freude. Auch an das Jahr, ich werde wohl schon die Volksschule besucht haben, als alles anders war.

Es war bei uns Heiligabend üblich, daß für mich die «gute Stube» verschlossen blieb, nur Mutter durfte hinein und wirkte im Geheimen. Aufgeregt saß ich derweilen in meiner

Stubenecke, spielte, las oder lief aufgeregt die Treppe hinunter auf die Straße, ruhelos nach Freunden suchend, um gemeinsam mit ihnen die Unruhe, die uns alle erfaßt hatte, zu vertreiben.

Ich war zwar schon «groß», glaubte aber noch an den Weihnachtsmann – oder auch nicht? Es war fürchterlich! Mutter hatte wieder einmal die Verbindungstür zwischen der «guten Stube» und dem Wohnzimmer abgeschlossen. Aufgeregt verfolgte ich von nebenan die Geräusche der Tätigkeiten, eben alles, was mir verborgen bleiben sollte: den Weihnachtsbaum würde Mutter mit bunten Kugeln und den Kerzen schmücken, der Weihnachtsmann aber meine Geschenke auf dem kleinen Tischchen ordnen, Mutter wieder, wie alle Jahre vorher, die «Bunten Teller» für Vater, sich selbst und selbstverständlich für mich auf die richtigen Plätze stellen.

Wir hatten in der Küche zu Mittag gegessen. Mutter verschwand danach wieder im Weihnachtszimmer. In mir war die Neugier geweckt, todesmutig schlich ich mich, mein Herz schlug rasend, an die Verbindungstür. Dann wagte ich, ich war doch kein Feigling, einen Blick durch das Schlüsselloch... spürte plötzlich ein Brennen in den Augen, meine Nase triefte, Tränen liefen, ich prustete, prustete und schmeckte... Pfeffer! Der Weihnachtsmann hatte mich vorgewarnt. Gab es ihn doch noch?

Still zog ich mich in meine Stubenecke vor dem Balkonfenster zurück, rührte mich nicht, ich schämte mich. Nichts war aus dem Weihnachtszimmer zu hören, nur klappte dann mehrmals die Stubentür. In der Küche tuschelte Mutter mit meinem Vater. Am liebsten wäre ich unter meinen Tisch gekrochen, denn ich zitterte vor Angst und wurde kleiner und kleiner.

Es wurde Nachmittag, und Dunkelheit legte sich über die verschneite Stadt. Die Kirchenglocken riefen zum Heiligabend-Gottesdienst, die Zeit, da sonst bei uns beschert wurde. Noch immer war ich voller Erwartung und Hoffnung. Aus den anderen Wohnungen des Hauses hörte ich bereits fröhliche Stimmen. Bei uns in der Wohnung aber rührte sich nichts. Es wurde Sechs, es wurde Sieben. Aufgeregt schlug mein Herz. Endlich kam meine Mutter in die dunkle Stube: «Auf was wartest du? Komm, sieh selber nach. Der Weihnachtsmann hat alles wieder weggeholt, sieh dort steht nur noch die Tanne ohne Schmuck und Kerzen! Neugierige Kinder kann der Weihnachtsmann nicht leiden. Merke dir das!» Da war es mit meiner Haltung vorbei, ich heulte, jammerte, verzweifelte an der Welt und verkroch mich wieder in meine Ecke.

Am Weihnachtsmorgen klingelte es früh an der Korridortür. Herbert und Gerhard, meine Hausfreunde, standen glücklich und fröhlich davor und wollten, wie alle Jahre, wissen, was mir der Weihnachtsmann gebracht hatte.

«Kommt nur herein», sagte meine Mutter, «er hat diesmal nichts bekommen. Er ist neugierig gewesen, da hat der Weihnachtsmann alles wieder eingepackt und mitgenommen. Was habt ihr denn Gutes erhalten?»

Erstaunt guckten mich die Freunde an, glaubten alles erst, nachdem sie in der Weihnachtsstube nur den kahlen, ungeschmückten Tannenbaum erblickten. In jenem Jahr bin ich nicht mit ihnen fortgegangen, denn ich war sehr traurig, fühlte mich keiner Schuld bewußt, war einsam und verlassen.

Was nutzte es mir, daß ich an einem der nächsten Tage den «Auerbachs Kinderkalender» mit der neuesten Mätzchen-Mohr-Geschichte, einige Kästen Zinnsoldaten, Wagen für meine Eisenbahn und nützliche Sachen auf meinem Tisch vorfand.

Das alles war gewiß nicht vom Weihnachtsmann dort abgestellt. Das hatte Mutter getan.

Mir war der Glaube zerstört, denn ich war von nun an kein Kind mehr. Daran war der «verpfefferte Heiligabend» schuld.

Sigrid Preiss-Puntigam

Der Maler und das Weihnachtslicht

Advent, Weihnachten – Zeit der Stille, der Besinnung, Fest der Liebe und wie sie alle heißen, diese großen hehren Worte. Ich konnte sie nicht mehr hören!

Alljährlich versuchte ich, dem Weihnachtskonsumterror zu entfliehen, statt dessen mein Verhältnis zur christlichen Bedeutung des Festes zu klären und einen neuen zeitgemäßen Standpunkt zu beziehen. Und wie alljährlich passierten die gleichen Pannen: vier Wochen vorher schon große Hektik, allabendliche Diskussion darüber, wem was geschenkt werden könnte, Päckchen, Briefe und Karten drängten zur Post, um rechtzeitig ihren Bestimmungsort zu erreichen; die Atmosphäre in den eigenen vier Wänden sollte auch vorweihnachtlich gemütlich strahlen, also verteilte ich Tannengrün in den Räumen, illuminierte sie mit Kerzen und, um die anheimelnde Stimmung noch zu steigern und die Geruchs- und Geschmacksnerven auch zufriedenzustellen, durchströmte der Duft des Weihnachtsgebäcks die Wohnung.

Irgendwann mittendrin in meinem geschäftigen Tun ertappte ich mich, daß auch ich wieder der Konsumhölle und der von ihr gesteuerten Gefühlsduselei auf den Leim gegangen war. Denn von Ruhe, Stille, Besinnung – keine Spur. Ganz im Gegenteil, eigentlich löste das Wort Weihnachten und sein Anhang nur Stress und Horror vor den anstrengenden leeren Ritualen aus, und die Zeit vor dem Fest war keine stille Zeit, sondern laut, lärmend und rastlos. Trotzdem lief mein Vorbereitungsprogramm wie automatisch weiter. Nervös dachte ich an Herrn D., einen alten Maler – was sollte ich ihm diesmal bloß schenken? Es war schwierig, denn Herr D. paßte so überhaupt nicht in unsere Zeit. Er war ein hagerer, dürrer Mann mit energisch blitzenden Augen, dem man schon als Kind auf Grund eines Magenleidens einen baldigen

Tod prophezeit hatte; nun war er mittlerweile durch strenge Diät, asketische Lebensführung und eisernen Willen ins biblische Alter von zweiundachtzig Jahren gekommen. Leibliche Genüsse fielen also als Geschenkidee weg. Für körperliche Wärme sorgten schon die selbstgestrickten Pullover und Socken seiner Schülerinnen. In meinen Gedanken erschien das Bild seiner Wohnung vor Augen: winzige zweieinhalb Zimmer, die überquollen vor Bildern, so daß er keinen Platz mehr zum Malen fand und nur noch auf einen kleinen Tisch in der Stube zum Zeichnen ausweichen konnte. Ja, selbst in seinem Schlafzimmer blieb nur der Raum, den sein Bett einnahm, ‹bildfrei›, den Weg dahin mußte man sich durch einen ‹Bilderwald› bahnen. Da es nur die notwendigsten Möbel gab, weil seine Leidenschaft, sein Leben und die Malerei die Wohnung total bestimmte und vereinnahmte, fiel auch jeder überflüssig herumstehende Nippes und Tand weg. Erfolg und Reichtum waren ihm bisher versagt geblieben, und trotzdem hatte er unter kargen, ärmlichen und harten Verhältnissen ein Leben lang um sein Ziel gekämpft, es verfolgt und wie besessen gemalt und gemalt. Er malte die Welt aus seinem Kopf, denn Reisen blieb ihm wegen seines Gesundheitszustands versagt: er war kaum je über den Stadtrand hinausgekommen. Und Bücher, die für ihn die Welt bedeuteten, hatte ich ihm zu oft geschenkt. Ich überlegte weiter – erstaunt innehaltend – woher nahm er seine Bilderwelt? Mir fielen die Schilderungen von seinen häufigen Besuchen im Tierpark, im Botanischen Garten und anderen Parks ein, seine daraus entstehenden Naturstudien, und plötzlich war meine Geschenkidee geboren: Es sollte ein wunderschöner bunter Blumenstrauß sein, den er sozusagen als Heimstudienobjekt verwenden konnte, denn im Winter verließ er die Wohnung kaum noch, weil für ihn mit seinen fünfundvierzig Kilogramm die Witterung und der Wind draußen zu rauh geworden waren. Froh über meinen Einfall –, eine schöne Kerze wollte ich noch hinzufügen –, meldete ich für den nächsten Tag meinen Weihnachtsbesuch an.

Der alte Herr öffnete auf mein Klingeln hin die Wohnungstür. Er war noch fragiler und magerer geworden, aber sein Gesicht lachte, als er mich sah. Er bat mich in seine kleine Wohn-Malstube, deren Wände nicht seine, sondern hauptsächlich Kopien verehrter Meister und Werke geschätzter Kollegen zierten. Zwischen Stößen von Aquarellen und Zeichnungen fanden wir doch Platz, und er erzählte mir, daß seine Körperkräfte keine großen Neuarbeiten zuließen und er deshalb dazu übergegangen war, Verbesserungen und Ordnung in die alten zu bringen. Ich übergab ihm meinen Blumenstrauß. Er strahlte. Die Farben: Grün, Lila, Orange waren seine Lieblingsfarben; er wollte ein Blumenaquarell danach malen. Nur die düsteren dunklen Lichtverhältnisse in diesem kleinen Raum, klagte er, ließen die Blumen nicht so richtig leuchten. Er sah traurig und unruhig zum Fenster hinaus. Dann packte er meine Kerze aus. Ohne ein Wort zu sagen, nahm er sie aus dem Backkringel mit roter Seidenschleife, in den ich sie gestellt hatte, um ihr ein festlicheres Weihnachtsgepränge zu verleihen. Er ging zum Schrank, zog aus einer Schublade ein Transparentbild hervor, das er vor fünfunddreißig Jahren geschnitten und beklebt hatte. Er stellte es vor uns auf dem Tisch auf und zündete die Kerze dahinter an. Das elektrische Licht knipste er aus. Das tryptichonartig gestaltete Weihnachtsbild begann plötzlich zu leben und wie ein Mosaik zu leuchten. Es verströmte Farben und Licht, die den ganzen Raum in seiner schweren Alltäglichkeit aufsogen und verwandelten. Im Zimmer verbreitete sich eine wundersame Stimmung und Atmosphäre: warmes Licht, ein herrliches Farbenspiel, Ruhe und Stille. Schweigend und ergriffen saßen wir eine Weile davor und plötzlich wußte ich, er hatte sein Licht, und ich etwas von Weihnachten gefunden.

Henri Goebel

Uns erste Wiehnachten na den Kreeg

De Kreeg wör vörbi, un wi beeden Jungs wörn heel trüch komen. Ne, stimmt nich ganz: Een von uns har noch op't letzt een swore Verwundung afkregen. Een Granatsplitter har em den Arm half afreten, man blots half. As de Dokter em seggen dä: «De Arm·mut af!», dor het he em jüst dormit een langt. Dor sä de Dokter: «Wenn he dat noch kann, denn blift de Arm dran.» Also, wi wörn wedder ent Hus komen.

Aber denn sä uns Modder kort vör Wiehnachten: «De Tied is so trurig, dor paßt gor keen Wiehnachtsboom mit Lichters un keene Wiehnachtsleeder.»

Dat wör mi nu gor nich na de Mütz. Ick sä: «Ick wör jo veel un girn ünnerwegens, aber an Wiehnachten much ick jümmer girn to Hus ween. In de Kreegsjohren harn wi ook in Rußland, wenn dat güng, een lütten Boom. Un wenn dat nu keen Wiehnachtsboom gift, denn gon ick ut'n Hus!»

Aber Vadder hol würklich keen Boom as in all de annern Johrn.

Nu wüß ick aber, dat een anner Familie in de Näh ut'n Versehen twee Böm harn. Ick also heemlich den Boom holt un in die lütt Stuuv op'n Foot stellt, den har ick sülbst mokt. Lichter un Smuck wörn noch von vör den Kreeg dor. As Geschenk har ick een Teewogen bout. Un denn noch wat: Uns Tuun wör meist ant Umfallen, aber dor wär keen Tied un keen Holt, een niegen to moken. So har ich blots een Modell bout, genau in'n Maßstab 1:10, mit Pielers un Port un allens in de Farv «Ölgrün Nr. 5» – de kennt de ole Lü in uns Straat hüt noch.

Toletzt also den lütt Bollerwogen ut'n Stall holt, dor käm de Modelltuun rop. Op den Teewogen käm de Boom mit brennende Lichter, un Punkt Klock söben güng dat all tosomen in de groot Stuuv.

Dor wör nu swor uttomoken, wat heller lüchten dä, de Lichter an den Boom oder de Tranen in de Ogen von uns Modder. Un ook wi groden Kerls wischt uns verstohlen öber de Ogen.

So wär dat doch een heel goden Wiehnachtsobend – viellicht de schönste, de erste Wiehnachten na den Kreeg to Hus.

Jo, sungen hebbt wie ook.

Un in't Fröhjohr stünn de niege Tuun «in natura».

Gerhard Bahr

Die heiligen Nächte

Das folgende Geschichtchen handelt von einem alten ostpreußischen Brauch aus der Weihnachtszeit, über den aus erklärlichen Gründen nur wenig gesprochen wurde: die Deutung der Träume in den «Zwölf heiligen Nächten».

Ursprünglich waren es die Heiden, die von Krankheiten, Hungersnöten und Überfällen geplagt, gegen Jahresende versuchten, gleichzeitig zu erfahren, was ihnen in den folgenden Monaten bevorstand. Das bekannte Bleigießen war eine Möglichkeit und die Traumdeutung eine andere. Beide Bräuche wurden bis heute von Generation zu Generation überliefert – obgleich wir eigentlich gar nicht mehr abergläubisch sind... und über die Horoskope in den Zeitungen nur noch schmunzeln... In diesem Sinne pflegten die alten Ostpreußen nach den Heiligen Nächten ihre nächsten Angehörigen mit einem Augenzwinkern zu fragen, ob sie etwas in den Zwölfen geträumt hätten. Einige gaben ihr Geheimnis preis, andere zogen es vor, zu schweigen. Ich gehöre zu den Menschen, die einmal einen Traum hatten, der tatsächlich in Erfüllung gegangen ist. Das Erlebnis liegt vier Jahrzehnte zurück.

Wir schrieben das Jahr 1948. Ich befand mich damals in einem Hospital für Kriegsgefangene, das in einer ehemaligen Schule der Wolgadeutschen untergebracht war. An die frühere Nutzung des Gebäudes erinnerte noch eine Schülerbibliothek, deren Bücher wir Kranken gerne lasen. Von unseren Fenstern aus konnten wir auf den gewaltigen Strom schauen, den die Sowjets liebevoll «Mütterchen Rußland» nannten. Am Horizont befand sich die frühere Hauptstadt der Wolgadeutschen Republik mit dem himmlisch klingenden Namen Engelsk. Die verschleppten Bewohner hatte ich zuvor in Sibirien getroffen, wo sie mit uns zusammen in bitterer Not lebten. Einige von ihnen haben uns heimlich geholfen, den Hunger zu stillen – manchmal war es auch nur ein aufmunterndes Wort, das wieder Hoffnung keimen ließ. An diese Menschen erinnere ich mich heute, wenn ich von ihrer Aussiedlung höre – ebenso an die Heiligen Nächte, die ich in ihrem alten Schulgebäude verbrachte.

Auf dem Flur des Krankenhauses stand damals ein «geliehener» Christbaum – das heißt, das sowjetische Pflegepersonal hatte ihn beschafft, aber zunächst uns zur Verfügung gestellt; wir durften ihn schmücken und uns an Weihnachten um ihn versammeln. Anschließend übernahmen ihn die Russen für ihre eigene Feier, die nach dem gregorianischen Kalender einige Tage später stattfand.

Jeder von uns hatte seine eigene Methode, mit den Gefühlen in dieser schweren Zeit fertig zu werden. Einige gedachten der furchtbar traurigen Weihnachtstage in Stalingrad..., viele erinnerten sich an die glückliche Zeit daheim im Kreise der Familie; ich pflegte mich möglichst früh ins Bett zu legen. Nach einem stillen Gebet zog ich die Decke über den Kopf und schaltete ab... Apropos Decke: Ich schlief unter der Last von vier Decken, denn von der Wolga her blies ein eiskalter Wind durch die Fensterritzen.

Der zweite Feiertag ist mir besonders in Erinnerung geblieben, obgleich tagsüber eigentlich gar nichts Bemerkenswertes geschah. Merkwürdigerweise dachte ich vor dem Einschlafen ausgerechnet an ein Kamel, das ich gegen Abend in der recht eintönigen Winterlandschaft hatte beobachten können, wie es am Ufer entlanggeschritten war und einen winzig kleinen Schlitten mit einer vermummten Gestalt darauf hinter sich her gezogen hatte. Irgendwie erinnerte mich dieses märchenhaft anmutende Bild an das Heilige Land und die biblische Geschichte. Diesen Gedanken nachhängend, schlief ich ein.

Gegen Mitternacht wachte ich fasziniert von einem wunderschönen Traum auf: Ich hatte von meiner Heimkehr geträumt. Was heißt geträumt – nein, ich hatte das, was ich so lange ersehnte, in allen Phasen erlebt... Jedes Detail stand mir noch vor Augen: der in den Bahnhof einfahrende Zug mit der dampfenden Lok davor, die Begrüßung der Eltern... erst die Mutter, dann den Vater, ich trug meine zerschlissene Uniform... und war überaus glücklich. Während ich über das Geträumte nachdachte, fiel mir spontan der alte ostpreußische Aberglaube mit den «Zwölf heiligen Nächten» ein. Sofort rechnete ich nach und kam auf den Monat März des kommenden Jahres, das hieß, wenn die Heiden recht haben sollten, würde ich in dem betreffenden Monat heimkehren...

Doch was sich dann nach Neujahr ereignete, verdrängte die Erinnerung an den Traum; denn das Lazarett mußte plötzlich aus unerklärlichen Gründen aufgelöst und die Kranken auf die umliegenden Lager verteilt werden. Dann geschah ein Wunder: Eine ganz kleine Gruppe blieb übrig, die nach drei Monaten der Ungewißheit heimkehren durfte, und zu diesen Glücklichen gehörte ich. Damit wurde der Traum aus der Weihnachtszeit wirklich wahr.

Abschließend muß ich bekennen, daß für mich der Aberglaube in den vergangenen Jahrzehnten keine Rolle gespielt hat. Aber vergessen habe ich das Ereignis auch nicht – ebenso nicht die Volksdeutschen. Deswegen möchte ich gerade zur Weihnachtszeit für sie ein gutes Wort einlegen.

Rudolf Eissing

Weihnachten auf Grönland

Es gibt zwei Fischereischutzboote, die als schwimmendes Hospital und als Versorger die Hochseefischereifahrzeuge betreuen. Dieses Jahr wird die «Meerkatze» draußen sein.

Vor ein paar Jahren war ich in meiner Eigenschaft als Meteorologe über Weihnachten an Bord der «Frithjof».

Zwischen Weihnachten und Neujahr befanden wir uns auf der westgrönländischen Seite und versorgten unsere Fischdampfer, die sich dort schon seit Monaten aufhielten. Einer von ihnen brauchte neuen Treibstoff, und so wurde es unsere Aufgabe welchen zu bunkern, um ihn später auf hoher See zu übergeben.

Es war wohl der 28. Dezember, als wir in den gottverlassenen kleinen Fjord von Faeringehavn etwa sechzig Kilometer südlich der Hauptstadt Godthab (Nuuk) einliefen. Auf der einen Seite der Bucht war die Bunkerpier. Dort machte die «Frithjof» fest. Da es nur wenig Treibeis gab und das Wetter ruhig war, beschloß man, eine Kontrollfahrt mit den Rettungsbooten zu unternehmen. Ungefähr zehn Matrosen, der Arzt und ich fuhren auf die andere Seite des Fjordes zu der kleinen Siedlung Nordafar. Es ist eine kleine gemeinsame Missionssiedlung der Länder Norwegen, Dänemark und Faröer, daher ihr Name. Früher gab es hier noch eine kleine Fischfabrik.

An der alten Pier der Fabrik legten wir an und kletterten eine verrostete, vereiste Eisenleiter hinauf. Die Hallen waren verwaist, und ein schwacher Windzug wehte gespenstisch durch die Ruinen. Durch ein paar kleinere Schneewehen stapften wir zu den wenigen Häusern. Alles schien verlassen. Doch plötzlich sahen wir Licht: die alte Mission. Es waren doch noch Menschen dort! Wir klopften und wurden eingelassen.

Wir kamen in einen größeren Raum. In der Mitte stand ein Weihnachtsbaum, darunter waren ein paar kleine Gaben für ein kleines Mädchen von etwa vier Jahren. Die Mutter trug das Kind auf dem Arm. Sie waren Norweger, und es war ihr letztes einsames Weihnachten hier, dann wollten sie in ihre Heimat zurück.

Mit etwas Angst und Mißtrauen beäugte die Kleine unsere wilde Männerschar. Zögernd kam sie näher und ließ sich zuerst vom Arzt und dann auch von mir auf den Arm nehmen. Zu uns beiden faßte sie zuerst Vertrauen, weil wir uns auf Englisch mit der Mutter unterhielten. Aber dann, als die Angst sich legte, wanderte sie doch noch von Arm zu Arm der Matrosen.

Plötzlich kam einer von ihnen auf die Idee, zu unserer «Frithjof» zurückzufahren und von dort aus unserem Überfluß die schönsten Dinge zu holen. Gesagt, getan! Zwei fuhren zurück. Während der Stunde, bis sie wieder da waren, erwachte nun auch das Leben in dem einzigen Laden am Ort. Eine flugs herbeigeholte Eskimofrau öffnete uns. Ihr Umsatz stieg gewaltig, jeder nahm sich einige Souvenirs von diesem vergessenen Stückchen Erde mit.

Endlich kamen die beiden Matrosen wieder zurück, und nun wurde es in jener Familie zum zweitenmal Weihnachten. Die Kerzen des Baumes wurden erneut entzündet. Danach kamen aus großen Pappkartons Apfelsinen, Schokolade, Kuchen, Feigen und Nüsse zum Vorschein. Das kleine Mädchen war außer sich vor Freude und sprang von einem zum anderen und gab jedem von uns einen Kuß. Der Mutter standen die Tränen in den Augen. Es waren unvergeßliche Minuten! Inzwischen war auch der Vater gekommen. Doch das mitgebrachte Bier wurde streng abgelehnt.

Schließlich mußten wir wieder aufbrechen. Wir verabschiedeten uns und verschwanden schnell hinter den Schneewehen. Für die Zurückgebliebenen muß es wie ein Spuk gewesen sein, denn sonst kommt nur alle ein, zwei Monate der dänische Versorger hier vorbei, und das letzte Mal war schon lange her, als er den Weihnachtsbaum brachte...

Von dem Bunkerplatz fuhren wir zur Südspitze Grönlands, wo der Fischdampfer auf den Brennstoff wartete. Silvesternachmittag kamen wir an. Für die Matrosen begann eine anstrengende Arbeit, denn auf Grund meiner Wettervorhersage stand ein schwerer Sturm bevor. Bei starkem Wind begannen sie den Verbindungsschlauch auszulegen. Während der Treibstoff hinübergepumpt wurde, nahm der Wind zu. Wegen der Gefährlichkeit der Arbeit ordnete der Kapitän an, daß es an Stelle des Silvesterpunsches für alle nur Kakao mit Schlagsahne geben sollte, egal, ob man zu arbeiten oder Freiwache hatte. Die Matrosen beendeten ihre Arbeit erst weit nach Mitternacht, also Neujahr, bei Windstärke 10.

Inzwischen bin ich schon ein weiteres Mal mit der «Frithjof» unterwegs gewesen. Die stürmische Kakao-Silvester-Party war noch in aller Munde und wird wohl später noch im Seemannsgarn verstrickt werden, aber an das Weihnachten mit dem kleinen Mädchen in Nordafar erinnerte sich kaum noch jemand. Für mich war es jedoch das eindrucksvollste, ursprünglichste Weihnachten, das ich nie vergessen werde.

Peter Paulsen

Eine Geschichte von Weihnachten – ohne Glanz, aber voller Hoffnung und Vertrauen

Fast 42 Jahre sind seit dem Heiligen Abend 1946 vergangen, und trotzdem ist die Erinnerung an jene Stunden beklemmend und befreiend zugleich. Das Herz will bei dem Gedanken daran schier zerspringen, sei es aus Wehmut oder vor

Zorn, aber doch vor allen Dingen vor Dankbarkeit. Zu zwiespältig sind die Gefühle, um sie genau ausdrücken zu können.

Heute, nach so vielen Jahren, sehe ich mich wieder als den kleinen hilflosen, zehnjährigen, unterernährten Steppke, der mit seinem Zwillingsbruder diese Stunden durchlebte.

Wie war doch alles anders gekommen als erhofft. Aus wohlbehüteter Obhut des großväterlichen Hauses hatten es die Zwillinge mit ihrer Mutter, die kurz vor Kriegsende ein zweites Mal geheiratet hatte, in die Altmark verschlagen. Es war ja so schön, wieder einen Vater zu haben, denn den eigenen Vater hatten wir nie gesehen. Schon lange lag er unter den vielen Blumen auf dem Friedhof. Aber jetzt hatte man einen neuen Vati, der außerdem heil aus dem Krieg zurückgekehrt war und nun all die Träume verwirklichen sollte, die in den Köpfen der kleinen Jungen herumspukten. Wie bitter war die Enttäuschung, als sich dieser Vater zu erkennen gab. Die wildesten Vorstellungen von einem bösen Stiefvater nahmen Gestalt an, und die Jungen hatten sich doch so auf den neuen Vater gefreut. Die anhängliche Zuneigung wurde nur mit bösen Worten und entsprechenden Maßnahmen bitter belohnt. Arbeit und Entbehrungen waren an der Tagesordnung. Trotz relativ guter Verhältnisse mußten die kleinen Stiefsöhne ihr Brot selbst verdienen und außerdem noch mit der kargen Kartenration allein zurechtkommen. Darüber war die Mutter schwer enttäuscht und vor Kummer krank geworden. Aber das kümmerte den Rohling wenig. Ihm ging es darum, die Last auf schnellste Art und Weise wieder loszuwerden.

Und so war es Herbst und schließlich Winter geworden, und die Jungen verrichteten Arbeiten, die man ihnen kaum zugemutet hätte. Selbst am Heiligen Abend sollten noch Tannen aus dem Wald geholt werden, um die Kartoffelmieten zu bedecken. Kalt fegte der Wind über die kahlen Felder. Der kleine Handwagen wurde nach und nach mit den Säcken beladen, die voller aufgeharkter Tannennadeln gestopft waren. Mehrmals schon ging die kleine Fuhre zwischen Wald und Dorf hin und her. Die Miete sollte noch völlig zugedeckt werden. Sack um Sack mit schützendem Streugut wurde daraufgeschüttet. Immer kälter wehte der Wind, und es fror entsetzlich. Die Kälte kroch durch die dicken Wollstrümpfe, die in Holzpantinen staken, und nur durch das hastige Arbeiten konnte man sich einigermaßen warmhalten.

Noch einmal sollte es hinausgehen. Wie wird es mit der Bescherung werden? Man wagte kaum, daran zu denken. Eine warme Stube und etwas ausruhen können, wie schön wäre das! Etwas Zuneigung vom Stiefvater und eine gesunde, fröhliche Mutter. Aber alles war so trostlos! Stumm und abweisend, fast feindlich, blickten die knorrigen Kiefern auf die kleinen abgerissenen Jungen herab. Keine Menschenseele war jetzt zu dieser Zeit mehr im Wald. Vom Dorf hörte man hin und wieder das Bellen der Hunde. Die Lichter gingen an und verhießen warme, heimelige Stuben und entsprechende Vorweihnachtsfreuden. Noch einmal sollte der kleine Wagen beladen werden. Da begannen schon die Glocken der Kirchen in den Nachbargemeinden und auch im heimatlichen Dorf zu läuten. Dicke Tränen liefen den beiden Jungen über die hohlen Wangen. Warum können nicht auch wir Weihnachten feiern?

Da, es regte sich etwas im Wald. Eine leichte Gestalt ging hastig, aber zielstrebig auf die arbeitenden Jungen zu. Nun erkannten sie die Näherkommende; es war die geliebte Mutter. Von Sorge und Kummer geplagt, trotz ihrer schweren Krankheit, hatte sie es nicht mehr im Bett ausgehalten und war den Jungen in den Wald hinaus gefolgt. Während rings herum die Glocken die Weihnacht einläuteten, unter sternenklarem Himmel, aber mit dem Glauben an eine bessere Zukunft im Herzen, schloß sie ihre Söhne in die Arme, kniete mit ihnen nieder und betete zu dem großen, allmächtigen Gott.

Vergessen sind die Worte dieses Gebet. Aber der große Vater im Himmel mußte die vom Herzen kommenden Worte einer verzweifelten Mutter erhört haben. Denn fortan ging es Dank seiner Hilfe aufwärts. Wir wurden reich beschenkt an diesem kalten Heilig Abend 1946, und zwar mit Gesundheit und Wohlergehen für viele, viele Jahre.

Friedrich Schiller
Eine kleine Weihnachtsgeschichte

Mit jedem Schritt wurde es kälter, während ich die Stufen des U-Bahnschlundes hinaufstieg. Aber mit jeder Stufe strömte etwas mehr von jenem unnachahmlichen Duft gebrannter Mandeln und anderer weihnachtlicher Besonderheiten um meine Nase und verdrängte nach und nach den charakteristischen, eigenartig modrigen Geruch aller U-Bahnschächte der Welt.

Oben angekommen ergriff auch schon der Trubel des Weihnachtsmarktes von mir Besitz. Menschen standen, schoben und schauten, verweilten mal vor diesem, mal vor jenem Stand und schleusten mich wie selbstverständlich in diese nostalgische Welt mit hinein.

Alljährlich schmiegen sich den ganzen Advent über bis zum Heiligen Abend die kleinen, liebevoll hergerichteten Stände an die mächtige Petrikirche wie die Küken an die Henne. Eine heimelige, fast intime Atmosphäre geht von diesem Minimarkt aus. Ich mag dieses Fluidum, das an kalten Tagen Wärme zaubert und Kindheitsträume wachruft mit allen Köstlichkeiten jener Zeit: getrockneten Pflaumen, Bratäpfeln, Nüssen, Nikoläusen aus dünnwandiger Schokolade, Dresdner Stollen und Weihnachtsplätzchen. Und ich denke an das winzige silberne Glöckchen, das uns Kindern das Christkind ankündigte... und an Tante Adelheid, die dann als Christkind erschien – im langen, weißen Brautkleid mit

Schleier und uns mit zartzittriger Stimme aufforderte, unser Gedicht aufzusagen, bevor sie uns beschenkte...

Als mich jemand unsanft anrempelte, werde ich auch die anderen Leute wieder gewahr, die vorüberhasten und keine Zeit haben für solche Träumereien.

Ich gehe rasch weiter – nein, ich brauche nicht zu hetzen; ich habe ja noch etwas Zeit bis zu meiner Verabredung am Jungfernstieg – ich entferne mich langsam von der fast beruhigenden Geschäftigkeit der Verkäufer auf dem Weihnachtsmarkt und gehe langsam und bewußt durch die Nebenstraßen. Morgen ist Weihnachten, und ich möchte jede Hektik vermeiden. Ich möchte – doch es gelingt mir nicht.

Neben mir hupt ein Auto, daß ich erschrecke – ein paar Jugendliche waren unachtsam über die Straße gelaufen, weil sie das grüne Licht der Ampel nicht erwarten konnten. Zwei Arbeiter tragen ein Möbelstück aus einer Toreinfahrt, aber so hastig, daß ich einen Satz nach vorne machen muß, um nicht mit weggetragen zu werden. Kaum wieder auf dem Boden gelandet muß ich abrupt bremsen, um nicht einem älteren Ehepaar aufzulaufen, das offensichtlich mit dieser schnellebigen Zeit nicht mehr Schritt halten kann. Ich überhole vorsichtig und gehe langsam weiter – bis mich eine Woge pulsierender Menschen mitreißt, die eine grüne Ampelphase von der anderen Straßenseite herübergeschwemmt hat. Ich möchte mich wehren und kürzer treten, doch die Strömung nimmt mich mit, als hätte ich keinen Boden mehr unter den Füßen. So haste ich langsam durch die lauten Straßen, vorbei an berstend vollen Supermärkten, quirligen Bücherläden, an Menschen, die in allen Richtungen irgend etwas hinterherjagen... nehme «Hamburger» verschlingende Kinder wahr, pralle Tragetaschen schleppende Frauen, werbeträchtige Busse, schreiende Leuchtreklame, Möwen fütternde Hände, Schwäne auf dem Fleet, schwatzende Männer, kichernde Mädchen, Menschen... Weihnachtslieder... Lärm... Verrückte... Hektik... «Hoffnung»...

Was? – Das war doch... das ist doch... das ist doch das Friedenslied aus «CATS», das ein Trompeter bläst – zuerst verschwommen leise, dann immer deutlicher. Unwillkürlich gehe ich in die Richtung, aus der die «Hoffnung» kommt. «Komm doch, sieh mich an und berühr mich»... singe ich in Gedanken mit, aber ich weiß nicht genau, wie der Text lautet. Viele singen in Gedanken mit – ich sehe es. Manche bleiben stehen, aber viele gehen in Richtung «Hoffnung». Der Klang der Trompete wird immer lauter, eindringlicher. Aber ich sehe keinen Trompeter. Dieser Ton, dieser weiche, warme und dennoch aufrüttelnde Ton läßt die Menschen sich anschauen, lächeln. Der ganze Rathausmarkt ist plötzlich wie ein riesiger Saal, in dem dieses wunderbare Solo erklingt. Ein Schauer läuft mir über den Rücken. Wir gehen weiter, hören, singen, gehen schneller. Nun bleibe ich stehen, um den Klang besser in mich aufnehmen zu können. So schön habe ich dieses Lied noch nie gehört. Mitten in der Stadt, im weihnachtlichen Verkehrsgewühl ertönt wie aus unzähligen Lautsprechern dieses herrliche Lied. Zum Glück habe ich ein Taschentuch in meiner Manteltasche. Ein bißchen verstohlen trockne ich mir die Augen.

Was all die klassischen Weihnachtslieder: «O du fröhliche...», «Süßer die Glocken nie klingen», «Stille Nacht, heilige Nacht» und die vielen anderen, die uns schon seit vier Wochen in Kaufhäusern und Einkaufszentren aufdringlich berieseln, nicht vermochten – dieses Lied aber, ein Stück aus einem Musical, läßt spontan Weihnachtsfreude aufkommen.

Beinahe hätte ich die Zeit vergessen. Ich muß mich nun beeilen, schreite bewegt über die Brücke am Jungfernstieg – und auch hier die gleiche Stimmung: Die ganze Stadt scheint erfüllt von dieser wundervollen Melodie. Es ist schon zwei Minuten über der Zeit; doch ich möchte diese eindrucksvolle Botschaft unbedingt zu Ende hören.

So bleibe ich an der Brüstung stehen und stelle mir vor, wie es wäre, wenn man im ganzen Land, in der ganzen Welt Lautsprecher anbringen würde... und wenn alle Menschen dieses Lied hören und mitsingen würden... und wenn Friede wäre in der Welt...

Morgen ist Weihnachten.

Als die Kälte den letzten Hauch des Solos erstickt hat, sind es nur noch wenige Schritte bis zum Haus an den Arkaden, in dem die Zweigstelle der Bundesversicherungsanstalt untergebracht ist. Ein reflektierender Gegenstand unmittelbar vor dem Gebäude zieht meinen Blick unwillkürlich auf sich, während ich auf den Eingang zusteuere. Ich sehe gerade noch, wie ein junger Mann in ausgefransten Jeans und kurzem Parker behutsam seine Trompete in einen Kasten legt...

Ein Mädchen reicht ihm seine Handschuhe.

Sabine Leisner

Unter freiem Himmel

Was können menschliche Begegnungen in ihrer Vielfalt alles bewirken, besonders in der Advents- und Weihnachtszeit.

Sie kann Hoffnungsträger sein oder qualvolles Leiden auslösen, sie kann Freude und jenes geheimnisvolle Licht überbringen oder Einsamkeit im Einklang mit der Finsternis spüren lassen. Eine Begegnung kann zu sprühenden Gesprächen hinreißen aber auch ebenso still und nachdenklich stimmen.

Es gibt Menschen, die man sucht und solche, die zu einem kommen, ohne daß man sie jemals darum gebeten hat, und die eine große Wirkung hinterlassen. Letzteres widerfuhr mir zwei Tage vor dem Heiligen Abend.

Irgendwo zwischen dem Bodensee und Stuttgart nahm ich durch das Zugfenster auf einem kleinen Bahnhof einen älteren Mann wahr, der dort mit zwei Koffern und mehreren Tüten stand. Ein Nichtseßhafter oder Tippelbruder, wie er im Volksmund heißt, stellte ich in meinen Gedanken fest, welches Ziel mag er haben – gerade in dieser Zeit, wo die Seele besonders empfindsam ist und nach Wärme und Geborgenheit sucht? Dann war er meinem Blickfeld entschwunden. Nach fünf Minuten öffnete er ausgerechnet meine Abteiltür, wo doch der ganze Zug fast leer war. Er fragte höflich, ob er eintreten dürfe, was ich ihm natürlich nicht untersagte, in dieser Zeit ist man eben empfindsamer für seine Mitmenschen.

Es stiegen noch zwei weitere Personen hinzu, eine gebürtige, elegante Wienerin und eine ältere Schwarzwälderin. Wir vier gaben wohl ein sehr unterschiedliches Bild ab, und so verschieden mußten auch unsere Gedanken sein. Ich bemerkte, wie die beiden Frauen leicht die Nase rümpften und die wundersame männliche Gestalt betrachteten.

Gerade aber diese Gestalt war es, die jene stillen Überlegungen mit einer Frage an die Mitreisenden unterbrach: «Na, meine Damen, wohin soll denn die Reise gehen?» – «Schwäbisch Hall und Stuttgart, zu den Kindern», waren die prompten Antworten, während ich mich in schweigende Zurückgezogenheit hüllte. Es gefiel mir nicht, ausgefragt zu werden, außerdem fühlte ich mich erschöpft vom Beruf und sehnte mich nach Weihnachtsruhe.

Unterdessen ging das Gespräch zwischen den drei anderen Menschen weiter. Nun war er, der immer unterwegs zu sein schien, an der Reihe zu antworten, wohin ihn die Reise führte. Gerade jetzt zu den Weihnachtstagen? In seiner gepflegten, fast lyrischen Ausdrucksweise erzählte er uns, daß er seit mehr als siebzehn Jahren das Weihnachtsfest «draußen» verbringen würde. Solange sei er schon unterwegs. Die beiden Damen hielten schockiert den Atem an. Er ahnte wohl ihre Gedanken und berichtete sogleich von seiner Art, das Christfest zu erleben. «Wissen Sie, wie es gerade zu dieser Zeit ist, sein Lager in einer Scheune aufzuschlagen, vielleicht eine Flasche Rotwein und etwas Gutes zu essen zu haben, etwas Wurst, Käse und Brot, dazu die Stille und abends, wenn das Wetter gut ist – den Himmel zu schauen? Es ist unbeschreiblich, fuhr er fort, ich bin allein und frei, fühle mich geborgen in der Natur. Manchmal treffen noch ein oder zwei Kameraden dazu, dann verbringen wir Weihnachten auf diese Weise zusammen. Glauben Sie mir, ich würde freiwillig nie in ein Asyl gehen, nur wenn das Wetter es nicht anders zuläßt und Schneestürme einsetzen. Diese Art Weihnachten zu feiern und zu erleben habe ich früher nie gekannt.»

So wie er sich mitteilte, mit seiner inneren Freude, Überzeugung, aber auch Ehrfurcht und Würde, forderte er uns allen Respekt ab. Während seiner bildhaften Beschreibungen schaute ich nach draußen. Die Morgennebel stiegen in einer wärmenden Wintersonne auf, Wiesen und Wälder lagen in einem sanften Licht, das die scharfen Konturen verwischte und die Stille spürbar machte.

Zwischendurch tauchten auch Scheunen auf, und meine Phantasie wanderte mit dieser Gestalt zu solch einem Platz, um unter freiem Himmel, bei sternenklarer Nacht die Botschaft der Geburt Christi neu zu vernehmen. Der Ort des Geschehens war damals Bethlehem, doch könnte es nicht auch jene versunkene Schwarzwaldlandschaft gewesen sein? Ist dieses Ereignis nicht auf alle Menschen, Länder und Landschaften übertragbar?

Plötzlich stand er auf, er ging wie er gekommen war, ganz unauffällig. Vielleicht wußte er nun um sein nächstes Ziel auf der Wanderschaft? An seiner dicken abgetragenen Winterkleidung sah ich, daß er gegen die Kälte im Freien geschützt war; auch gegen die Kälte der Menschen? Er ließ uns mit den Worten: «Gesegnete Weihnacht» zurück.

Meine beiden Mitreisenden machten ihrer bislang beherrschten Fassungslosigkeit Luft. «Es ist doch unglaublich, was für Typen heute herumlaufen!» klagten sie.

Ich war sehr nachdenklich geworden und antwortete, daß mir bei dieser unverhofften Begegnung die Hirten in den

Sinn gekommen seien. Auch sie hatten eine gesellschaftliche Außenseiterrolle, lebten im Freien auf dem Felde. Doch gerade ihnen ließ Gott vorrangig die Botschaft verkünden: «Euch ist heute der Heiland geboren...» Kam ihnen nicht eine ganz besondere Bedeutung zu?

Könnte nicht auch unser, sich auf der Durchreise befindliche Wanderer zu den heutigen Hirten gehören?

Inmitten des modernen Weihnachten, wo Konsum, Glanz und Glitter und ein bißchen soziale Bereitschaft zur Nächstenliebe ihre Bedeutung haben, machte er sich allein auf den Weg, die andere Wirklichkeit zu suchen. Ich glaube, daß er sie gefunden hat.

Auf dem Stuttgarter Hauptbahnhof trennten sich im dichten Reisegewirr unsere Zielrichtungen, meine lag im Norden. Doch ich war und bin bis heute, drei Jahre danach, immer noch seltsam von dieser kurzen Begegnung berührt.

Ich kenne den Namen dieses Menschen nicht, eine feste Adresse gab er vor nunmehr zwanzig Jahren auf, damit ist er für mich unerreichbar. Somit schrieb ich diese Geschichte auf, stellvertretend für alle jene Menschen, die Weihnachten 1988 draußen vor der Tür, unter freiem Himmel verbringen.

Heide Fregien

Der rote Krämerladen

Weihnachten 1953: Ein Fest, an welches ich mich immer wieder und gern erinnere: War es vielleicht sogar das schönste für mich!

Die Vorbereitungen liefen auf Hochtouren. Verführerische Düfte zogen durchs Haus; unsere Mutter werkelte von morgens bis spät in den Abend hinein in der Küche. Dort entstanden köstliche Stollen, Unmengen Plätzchen, allerlei Naschereien aus Marzipan und vieles andere mehr. Auch ein Knusperhäuschen entstand dort – wie jedes Jahr. Vati suchte in Bergen von Büchern nach schönen Geschichten, die er traditionsgemäß am Heiligen Abend der Familie vor der Bescherung vorlas, «um die Spannung noch spannender zu machen», wie er später schmunzelnd zu sagen pflegte.

Wir vier Geschwister waren in unseren Zimmern mit allerlei Basteleien beschäftigt; es wurde gestrickt, gehäkelt, geklebt, gesägt und gehämmert. Auch mußten die Gedichte immer mal wieder aufgesagt werden, damit am Heiligen Abend nicht nur der Text stimmte – ganz wichtig war das Üben der «Betonung». Richtig schön war das alles. Ein paar Tage noch, dann sollte es soweit sein!

All diese Vorfreude wurde urplötzlich getrübt und das kam so:

Die Familie saß plaudernd beisammen, man erinnerte sich an vergangene Weihnachten, man stellte sich das bevorstehende Fest vor.

«Unser Krämerladen, der wird doch auch in diesem Jahr wieder für uns da sein?»

Für uns Geschwister war das die «selbstverständlichste Sache der Welt» – ein Weihnachten ohne Krämerladen? Niemals!

Die Eltern sahen sich an und antworteten etwa so: «Nein, wir haben beschlossen, ihn nicht wieder herzurichten. Erstens seid ihr inzwischen schon zu groß dafür geworden, zweitens streitet ihr euch doch immer wieder, wer nun mehr oder weniger aus dem Krämerladen genascht hat.»

Wir waren entsetzt und erschrocken zugleich. Sollte man am Heiligen Abend nicht zum Kaufmann gehen können? Wir stellten uns die mit allerlei Köstlichkeiten gefüllten Schubläden vor, die kleinen Tüten, die Körbchen voller Marzipankartoffeln, die kleinen Brote, die an Bändern hängenden Zuckerkringel, die Waage mit den kleinen Gewichten. Wir erinnerten uns an das Blechtelefon, an die Glasbehälter voller bunter Liebesperlen, der Notizblock mit Bleistift fehlte nicht – und, und, und...

All unser Protest und die kullernden Tränen halfen nichts: Der Krämerladen sollte auf dem Boden bleiben, weil zum einen das Füllen auch zu teuer sei und andere Dinge zwischenzeitlich nötiger geworden sind.

Ich konnte das damals überhaupt nicht begreifen, und ich war nicht nur traurig darüber, sondern wütend. Dauernd überlegte ich, was man anstellen könnte, um doch noch zu unserem weihnachtlichen Krämerladen zu kommen.

Zu der Zeit befand ich mich in der Lehre, das erste halbe Jahr lag noch nicht ganz hinter mir und ich hatte die ungeheuerliche Idee, meine damalige Chefin um «Vorschuß» zu bitten, wozu ich dann letztlich doch nicht den nötigen Mut hatte. Also fand ich mich beinahe schon damit ab, daß es nun tatsächlich keinen Krämerladen geben würde.

Am letzten Arbeitstag vor dem Fest geschah etwas Überraschendes: Unsere Chefin wünschte jedem im Büro frohe Festtage und übergab allen einen kleinen grünen Briefumschlag: «Für einen kleinen Wunsch» meinte sie. Mein Herz zersprang fast vor Aufregung: Ich bekam eine «Weihnachtsgratifikation»; damals beileibe keine Selbstverständlichkeit – damals war das wirklich und wahrhaftig als ein Geschenk anzusehen.

In meinem Briefumschlag befanden sich 25 oder 30 Mark; genau weiß ich es nicht mehr. Auf alle Fälle wußte ich sofort, was ich damit anfangen würde.

Ich rannte die Treppe hinunter und raus aus dem Büro, flitzte durch die Menschenmengen, rutschte noch fürchterlich auf einer Straßenbahnschiene aus und erreichte schnaufend das Kaffee- und Süßwarengeschäft «Tangermann» in Hamburg Eppendorf. Es war kurz vor Toresschluß. Feierabend.

Eine ganz liebe Verkäuferin nahm sich trotzdem meiner an, ich erzählte ihr schnell die Geschichte vom Krämerladen, legte das Geld auf den Tresen und sagte, daß ich dafür alles Nötige für eben diesen Krämerladen haben möchte.

Unglaublich, was die Verkäuferin alles zusammentrug. Ich merkte ganz deutlich, daß sie sich mit mir freute.

Augenzwinkernd verschwand die eine oder andere Süßigkeit zusätzlich in den Tüten: «Das sind Sonderangebote, nach dem Fest kauft die sowieso keiner mehr.»

Mit all meinen Schätzen fuhr ich anschließend mit der U-Bahn nach Hause: Was die Eltern wohl für Augen machen werden? – Ob die Geschwister sich wohl freuen? Überglücklich übergab ich alles meiner Mutter: «Siehste, nun werden wir doch nicht ohne unseren Krämerladen sein!!!» –

Mutter staunte und versprach, den anderen nichts zu verraten.

Nun konnte es Heiligabend werden – nun konnte der Weihnachtsmann endlich kommen. Und dann war es soweit.

Nachdem ein Glöckchen läutete, öffnete unser Vati die große weiße Schiebetür zum Weihnachtszimmer: Prächtig stand dort der vom Boden zur Decke reichende glitzernd bunte Tannenbaum, darunter viele, viele Päckchen und davor: Unser schöner roter Krämerladen bis zum Rand gefüllt: Unsere Mutter hatte noch einiges hinzugefügt – das sah ich ganz deutlich. Die ganze Familie strahlte, der Jubel nahm schier kein Ende. Ich war unglaublich glücklich, und ich erinnere mich, daß die Eltern mich sehr lieb an sich zogen und ganz herzlich drückten. Ein bißchen habe ich dann vor lauter Freude geweint.

Olaf Lippert
Der Weihnachtsbaum

Es war... es war uns, als wäre ein Flimmern durch den Wald gegangen. Wir, eine Gruppe junger Leute, hielten uns im Walde auf, um für uns und unsere Familien noch das zu holen, ohne das es keine Feiertage geben würde: einen Tannenbaum. Die Tanne als der Inbegriff des Lebens, rank und schlank, gerade gewachsen und immer lebendig grün, also kurz gesagt: Das Sinnbild kraftstrotzender Gesundheit. Wir hatten hier immer unseren Weihnachtsbaum geholt und beabsichtigten, es auch weiterhin so zu handhaben. Aber was war das? Dort, wo früher eine lebende, grüne Tannenschonung gestanden hatte wie eine von saftigem frühjahrsgrün gezeichnete Weise, standen nur noch vereinzelt ein paar Bäumchen. Mickrige, von der Beutegier des Menschen zerstörte Gerippe ehemals blühenden Lebens. Der Mensch mit seiner Gier nach immer mehr Ertrag an besserem, größerem und anschaulicherem Gemüse hatte mit seinen Schädlingsbekämpfungsmitteln, seinen immer schnelleren Autos und anderen motorisierten Fahrzeugen und den damit verbundenen Abgasen zur Vernichtung der Schonung beigetragen. Doch was heißt hier Schonung? Genau das Gegenteil dessen war hier geschehen. Statt zu schonen war hier vernichtet worden. Als wir dieses Bild der Vernichtung «unseres Weihnachtsbaumes» sahen, bekamen wir es mit der Angst zu tun. Sollten unsere Tannenbäume in den kommenden Jahren immer so aussehen? Wir setzten uns gemeinsam auf einen der vielen abgestorbenen Bäume und beratschlagten, wie es weitergehen sollte. Wie können wir diesen Wald und somit unsere Weihnachtsbäume wieder begrünen? Wir beschlossen allesamt dafür unseren Anteil beizutragen. Als der Winter vorbei, der Schnee geschmolzen und das kommende Frühjahr sich durch steigende Temperaturen ankündigte, trafen wir uns wieder in der «Schonung». Wir nahmen unsere mitgebrachten Setzlinge und forsteten gemeinsam wieder auf. Der Landwirt, dem dieser Wald gehörte, sah uns und eilte herbei. Er erkundigte sich, was wir dort machten. Als wir ihm erzählten, was wir erlebt hatten und was wir uns vorgenommen hatten, wurde er ganz nachdenklich. Mit einemmal drehte er sich um und ging fort. Kurze Zeit später kam er mit seinem Trecker vom Acker zurück und pflügte dieses Stück Land um. Er versprach uns, einmal über das Für und Wider einer guten Ernte und einer gesunden Umwelt nachzudenken. Als wir im Laufe des Jahres feststellten, daß sich immer mehr Kleintiere und Vögel in die aufgeforstete Schonung zurückfanden, erfreute uns dieser Anblick sehr. Der Landwirt hatte sicher den größten Anteil an diesem Erfolg, obwohl ihn niemand weiter beim Unkrautjäten oder Hacken gesehen hatte. Er hatte sich wohl einige Tage und Nächte um die Ohren geschlagen, um zu dem wohl entscheidenden Entschluß zu gelangen. Er hatte sich für die Umwelt entschieden. Eine geringere Ernte, Gemüse in kleineren Größen und Mengen und nicht mehr ganz so schön anzusehen, nahm er fortan in Kauf, denn sein Gemüse schmeckte ihm auf einmal wieder. Und das Flimmern, welches wir damals als ein Zeichen nahender Weihnachtszeit aufgefaßt hatten, hatte sich im Laufe unserer Aufforstungsarbeiten als ein schlichter einfacher Zivilisationsschaden herausgestellt. Es war eine achtlos weggeworfene Bierflasche gewesen, auf der sich die letzten Sonnenstrahlen des damaligen Jahres brachen. Seither sind über zehn Jahre vergangen. Aber jedes Jahr aufs neue, wenn wir in «unseren» Tannenwald kommen, achten wir auf das gewisse Flimmern. Bisher haben wir es noch nie wieder bemerkt. Und oder gerade deswegen erfreuen uns immer wieder *«unsere Tannenbäume»*.

Wünsche...

...hat wohl jeder – und nicht nur zur Weihnachtszeit. Wie gut, wenn man rechtzeitig vorgesorgt hat, daß sie erfüllt werden können...

Pfandbrief und Kommunalobligation

Meistgekaufte deutsche Wertpapiere - hoher Zinsertrag - bei allen Banken und Sparkassen

Verbriefte Sicherheit

Lieselotte Voß

Heiligabend 1927

Als zwölfjähriges Mädchen verlebte ich Weihnachten bei einer Großtante auf dem Lande in einem kleinen Dorf. Die betagte Verwandte konnte nicht mehr verreisen und wäre sonst sehr einsam gewesen. Ich bin gerne zu ihr gefahren, denn in den Ferien war ich oft dort, und die Bewohner und das Dorf waren mir vertraut.

Nun war Heiligabend. Voller Erwartung war ich morgens schon zeitig aufgestanden und ging der Tante zur Hand. Es wurden ja noch der Ofen und der Herd mit Kohle geheizt. So mußte Holz und Kohle aus dem Stall geholt werden. Gemeinsam wollten wir den kleinen Tannenbaum schmücken.

Inzwischen war es zwölf Uhr geworden, und endlich sah ich den herbeigesehnten Postboten. Er mußte doch das versprochene Paket bringen von meiner Familie.

Eine prallgefüllte Brieftasche hatte er über die Schulter gehängt, und Päckchen und ein paar kleine Pakete hingen an der Lenkstange seines Rades. Mit einem kleinen Geldstück für den Postboten lief ich hinaus. Er gab mir ein paar Karten, einen Brief und ein Päckchen. «Und das Paket?» sagte ich, dem Heulen nahe. Die Tante, die auch hinzugekommen war, sah ebenfalls enttäuscht aus. Doch sie bekam eine Paketkarte in die Hand gedrückt mit den Worten: «Ick kunn nich mehr mitgriegen an min Rad, und dat Paket mut afholt warn!»

Ganz aufgeregt versprach ich, es zu holen. Aber wie? Die Poststation war in einem anderen Ort, mindestens eine Stunde zu gehen. Ein Rad besaßen wir nicht, doch eine Nachbarin, die auch ihre Post in Empfang nahm, bot uns ihre kleine handliche Schubkarre an. Kaum Mantel und Mütze an, ging es los. Bis zum Dorfausgang und dann einen Fuhrweg bergab ging es fast im Laufschritt. Dann ging es durch einen Wald wieder bergan, vorbei an Feldern, an einem

Nachbardorf und bald sah ich den Kirchturm des Dorfes, in der auch die Poststelle war. Wie froh war ich, daß ich das Paket noch ausgehändigt bekam. Der Beamte schaute mich an und meinte: «Wie wullt du denn no Hus kamen?» Stolz in meinem besten Platt: «Buten steit en Schuvkor.» Zurück ging es fast immer etwas bergab. In Gedanken war ich mit meinen Wünschen und Auspacken beschäftigt, und plötzlich hatte ich den Wald wieder erreicht. Etwas dämmrig wurde es auch schon, aber ich würde ja bald zu Hause sein.

Plötzlich fielen Schneeflocken, immer dichter werdend. Ab und zu war ein leises Knacken zu hören von morschen Zweigen – es war wie im Märchen! Angst habe ich eigentlich nicht empfunden. Als ich endlich zu Hause bei der Tante ankam, waren wir beide glücklich. Es war für mich ein erlebnisreicher «Heiligabend» und bis heute unvergeßlich.

Vor der Bescherung gingen wir noch einmal nach draußen. Es schneite immer noch, und wir hörten die Kirchenglocken vom Nachbarort läuten.

Susanne Benien-Warncke

Süßer die Glocken nie klingen

Vor ein paar Jahren, wir waren frisch verheiratet, ergab sich für uns die Gelegenheit, recht kurz entschlossen, ein Einfamilienhaus zu erwerben.

Die Formalitäten waren schnell geregelt, so daß wir noch im Monat Dezember umziehen konnten.

Ein Umzug zu dieser Zeit ist sicher nicht außergewöhnlich, wäre da nicht mein Hobby...

Ich sammle Glocken aller Art!

Zum Zeitpunkt des Wohnungswechsels besaß ich ca. 800 Stück.

Weil ich durch eine Behinderung in meinen körperlichen Aktivitäten etwas eingeschränkt bin, beauftragten wir eine Spedition mit der Abwicklung des Umzugs...

An einem Freitag, morgens um sieben Uhr rückten drei Packer, beladen mit 150 Umzugskartons und Bergen von Seidenpapier an.

In unserer Wohnung war es schon etwas ungemütlich, aber in fast allen Räumen befanden sich noch Radios, die auch eingeschaltet waren. Als die Packer mit ihrer Arbeit begannen, erklang gerade das bekannte Weihnachtslied, «Süßer die Glocken nie klingen...»

Der Tag lief so dahin. Die Packer räumten und packten. Bald wurden die ersten Kisten abtransportiert...

Plötzlich, so gegen fünf Uhr nachmittags, der NDR spielte wieder das schöne Lied: «Süßer die Glocke nie klingen..., ließ lautes Geschrei alle in der Wohnung Beschäftigten zusammenfahren. «Stellt sofort den Kasten ab, ich kann es nicht mehr hören!» Der Packer, dem die Aufgabe zugefallen war, mein Arbeitszimmer einzupacken, war am Ende seiner Belastbarkeit angelangt. Seit Stunden verpackte er überwiegend Glocken bzw. Glöckchen. – Ein Ende war noch nicht absehbar.

Irgendwann waren jedoch auch die letzten Sachen verpackt und der Umzug konnte, begleitet von leichtem Schneeregen und kleinen Hindernissen, die wohl jeder erlebt, wenn er umzieht, abgewickelt werden.

Inzwischen sind fünf Jahre vergangen...

Vor einigen Tagen bummelte ich durch die vorweihnachtliche Fußgängerzone. Ich stand vor einem Geschäft und betrachtete die Auslagen, als plötzlich unvermittelt ein Mann neben mir «Süßer die Glocken nie klingen...» summte.

Sicher habe ihn sehr verwundert angesehen.

Er grüßte und fragte mich, ob ich ihn nicht kennen würde?

Da ich ihn wirklich nicht einordnen konnte, verneinte ich seine Frage freundlich, aber auch irritiert.

Sein Kommentar: «Sie sind doch die Frau mit den vielen Glöckchen? Ich bin der arme Kerl, der alle verpacken mußte. Das werde ich in meinem ganzen Leben nicht vergessen!»

Wir haben herzlich darüber gelacht...

Gerda Himstedt

Ein kleines Weihnachtswunder

Meine Mutter und ich lebten im sibirisch kalten Winter 1945/46 als Flüchtlinge in Meißen. Wir wohnten in der Nähe der in den letzten Kriegstagen gesprengten Elbbrücke in einem feuchten, dunklen Stübchen. Ich war neunzehn, halbverhungert und sah wie fünfzehn aus.

Seit Wochen hatten wir keine Bezugsscheine für Holz und Kohle bekommen. Tauschobjekte hatten wir nicht und auch keine Freunde, bei denen wir ein paar Briketts hätten leihen können. Heiligabend froren wir genauso bitterlich wie immer, und ich überlegte fieberhaft, wie ich uns wenigstens zum Christfest zu ein bißchen Wärme verhelfen könnte.

Am späten Abend nahm ich meinen ganzen Mut zusammen, einen Kartoffelsack in die Hand und schlich zur Brücken-Baustelle, um etwas Sägemehl zu organisieren. Das war natürlich verboten und wurde streng bestraft. Außerdem wurde die Brücke nachts von russischen Soldaten bewacht. Ich sah auch gleich einen dick vermummten Posten mit dem Gewehr im Arm seine Kreise ziehen.

Als er mir den Rücken zukehrte, warf ich mich blitzschnell unter die nächste Kreissäge und schob mit den Händen eilig das Sägemehl zusammen.

Plötzlich tauchten vor meinen Augen zwei Militärstiefel auf, und ein Mongole beugte sich zu mir herab. Er musterte mich schweigend, dann nickte er verstehend und winkte mich zu sich hin. Schlotternd vor Angst kroch ich hervor, und ich sah mich schon dem wirklich kalten Sibirien entgegenrollen. Der Soldat ging aber nur zum Schuppen, kam mit einer Schaufel zurück und bedeutete mir, den Sack aufzuhalten. Nicht, ohne sich vorher aufmerksam umgesehen zu haben.

Inzwischen hatte ich meine Stimme wieder und dankte ihm auf Russisch für seine Hilfe. Sein freundliches breites Gesicht strahlte, als hätte ich ihm ein Geschenk gemacht. Flüsternd verriet er mir, daß er lieber daheim wäre bei seiner Frau und bei seiner Tochter, die fünfzehn Jahre alt sei. Und er fügte die himmlisch klingenden Worte hinzu: Komm gleich wieder und hol noch mehr.

Viermal stopfte er mir den Sack mit Holzkloben voll. Vom Sägemehl hielt er nichts. Bevor ich den letzten Sack davonschleifte, wünschten wir uns ein langes und gesundes Leben.

Meine Mutter konnte endlich den vorsintflutlichen Küchenherd zum Glühen bringen, wir sahen unseren Atem nicht mehr als zwei weiße Säulen zur Decke schweben, die Wände hörten auf zu glitzern und die klammen Federbetten trockneten langsam.

Aus Grieß, Wasser und Kunsthonig backte meine Mutter in der völlig fettfreien Pfanne eine Art Kuchen, und ich zündete unsere zwei einzigen Kerzenstümpfe auf einem Tannenzweig an.

Als um Mitternacht die Glocken vom Dom zu uns herüberklangen, dankten wir Gott für diesen wundersamen Schutzengel aus der fernen Mongolei. Und durchwärmt bis in die Zehenspitzen sangen wir besonders andächtig unsere schönen alten Weihnachtslieder.

Georg Thies

Weihnachten 1963

Ich weiß nicht, wo ich anfangen soll, beim Schiff oder bei der Mannschaft?

Also das Schiff! Sein Name war «Amilie T», und es war ein 10 384 Brt Frachtschiff, das heißt 15 480 tdw.

«Amilie T» hatte eine proportionierte Form, wenn man das von einem Motorschiff sagen könnte. Die Mannschaft war seit einem halben Jahr an Bord, der ‹Alte› war umgänglich und die Steuerleute und Maschinisten auch. Bootsmann und Zimmermann waren trinkfest und immer für einen Scherz zu haben.

Der Smutje hatte immer was im Topf, so war die Mannschaft zufrieden. Und nicht nur die Mannschaft, sondern auch zehn Passagiere, das heißt nicht zehn, sondern neun und ein ‹halber›. Der ‹Halbe› war Thomas, fünf Jahre jung und Sohn eines Hamburger Kaufmanns, der mit seiner Mutter auf der Fahrt nach Brasilien war – zum Vater!

Unser Schiff war auf der Höhe von Dakar, als der Junge beim Mittagessen den Kapitän fragte, wie der Weihnachtsmann ihn wohl finden werde – denn wir hatten den 22. Dezember, also zwei Tage vor dem Heiligabend – und wie er denn zu seinen Geschenken komme.

Zuerst sagte der ‹Alte› nichts, und dann erzählte er dem Jungen was von einem Stellvertreter. Der Junge fragte nach, wer denn das sei? Der Kapitän meinte: «Wir sind Heiligabend am Äquator, und da bringt Neptun der Klabautermann dir deine Geschenke.»

Am 24. Dezember, nachmittags um vier Uhr, stoppte das Schiff, und im Vorschiff, im Kabelgat, begann ein Höllenlärm!

Dann kamen sie an Deck, zuerst die Mohren, dann der Doktor, der Pastor und Neptun mit Frau Tete.

Neptun fing gleich an zu grollen und zu schimpfen, daß er sich nie daran gewöhnen werde, auf ein Motorschiff zu steigen, denn er haute sich immer den Kopf an der Schraube!

Auf den Segelschiffen war das gemütlicher, und heute mußte er auch noch den Job vom Weihnachtsmann machen!

Wir sahen uns die Gesellschaft genauer an, und wir staunten nicht schlecht! Denn der Doktor, der sonst immer mit Pillen und Salben bestückt war, stand grinsend mit einem Weihnachtsbaum in der Hand da. Die Mohren und der Pastor waren beladen mit Päckchen und Paketen, die in buntes Papier gepackt waren. Und auch Frau Tete sah wie ein Engel aus und nicht wie eine Meerjungfrau. Nun brüllte Neptun nach Thomas, der klappte den Mund zu und ging auf den alten Wassergott zu. Dann erzählte der ‹Alte› dem Jungen, daß er den Auftrag habe, ihm und dem Rest der Mannschaft und den Passagieren vom Weihnachtsmann die Geschenke zu überbringen und ihnen ein «Frohes Fest» zu wünschen. Denn der Weihnachtsmann könnte nicht selber kommen, da es ihm zur Zeit zu heiß am Äquator sei.

Neptun brummelte auch noch in seinen Bart, daß der Weihnachtsmann ein schlechter Schwimmer sei. Dann gab er dem Jungen seinen Äquator-Taufschein, der auf den Namen «Stint» lautete, und den Rest der Taufscheine gab er dem Kapitän für die anderen Täuflinge. Der Kapitän schenkte Neptun und Anhang noch einen ein, dann gingen sie mit großem Lärm von Bord.

Am ersten Weihnachtstag erzählte der Junge noch auf dem ganzen Schiff, daß der Neptun so aussieht wie unser Bootsmann und Tete wie unser Kajütstewart!

Der arme Junge muß was mit den Augen haben!

Annelies Grund

Weihnachten auf den Feldern von Bethlehem

Nun hatte sich das erfüllt, was ich mir so sehnlichst gewünscht hatte: Ich war nach Israel gefahren. Es war der Tag, den wir den «Heiligen Abend» nennen, und ich stand dort, wo wir die Wiege der Christenheit vermuten, in Bethlehem.

Schon einmal hatte ich hier gestanden, dort wo sich ein kleiner Arkadenhof an die ehemalige Kreuzfahrerkirche anschließt. Ein Frühlingsmorgen war es gewesen. Das frische Grün leuchtete zwischen alten Steinen, und die Sonne schien gleißend auf das helle Gemäuer der Arkadenbögen. Durch die Stille des Morgens erklang leiser Gesang, Gesang, der aus der Kirche kommen mußte. Behutsam öffnete ich die schwere Tür und trat in das Halbdunkel der Geburtskirche. Eigenartig berührte es mich – da sangen Deutsche ein Kirchenlied. Schon wollte ich gehen, da ertönte abermals Gesang – es war «Stille Nacht, heilige Nacht». Immer voller wurde der Chor, Gruppen verschiedener Nationen kamen hinzu und sangen spontan das Lied in ihrer Sprache mit. Es war ein so inniges Singen, und nie war mir die Weihnacht näher gewesen wie hier an einem Frühlingsmorgen in Bethlehem. Da nahm ich mir vor: Einmal wirst du zur Weihnachtszeit ins «Heilige Land» fahren.

Ja, nun war der Heilige Abend da, und ich stand eingepfercht in einer gewaltigen Menschenmenge am ersehnten Ort, und mir war so gar nicht weihnachtlich zumute. Im Gegenteil, ich dachte an unsere kleine Kirche daheim, an Schnee und duftende Tannenbäume, deren Kerzen durch das Dunkel der Nacht strahlen, und ich war voller Heimweh.

Neben mir standen Leute, die auch zu unserer Reisegruppe gehörten. Es war ein sehr junges Mädchen und ein ebenso junger Mann. Sie schienen meine enttäuschte Traurigkeit zu spüren, denn das Mädchen lächelte und meinte: «Sie sind nicht sehr glücklich, oder?» Dann ergriff sie meine Hand und sagte: «Kommen Sie mit uns, dann feiern wie die Heilige Nacht zusammen.» Sie verließ mit ihrem Begleiter die Menschenansammlung, und ich ging, so als wäre es selbstverständlich, mit. Erst jetzt bemerkte ich, daß beide Taschen und Decken trugen. Festlich – wie zu einer Feier – waren sie nicht gekleidet; sie trugen Jeans und Anoraks.

Ich mußte mich ihren schnellen Schritten sehr anpassen. Bald hatten wir die engen Straßen hinter uns, und der Weg wurde eben. Fürsorglich nahm der Mann meinen Arm, und immer weiter ging's ins freie Land, und nur in der Ferne erahnte man die Stadt Bethlehem.

Der Weg verlor sich in den dürren Feldern, als der Mann stehenblieb und auf eine kleine Mulde wies, wir schienen unser Ziel erreicht zu haben. Die Decken wurden auf dem harten Grasboden ausgebreitet, und wir saßen im Schutze der Mulde, und am Himmel zogen die ersten Sterne auf. Die junge Frau holte Kerzen hervor und entzündete sie. Auf ein weißes Tuch legte sie einen Laib helles Brot und einen einzigen Becher stellte sie neben eine Flasche mit rotem Wein, und dabei wob das Licht der Kerzen einen warmen Schein um das junge Gesicht. Der Mann hatte eine Bibel aufgeschlagen, und seine Stimme war hell und klar, als er die Weihnachtsgeschichte aus dem Lukasevangelium las.

Ich brauche wohl nicht zu sagen, was ich da in der Heiligen Nacht auf den Feldern von Bethlehem empfand. – Die Nacht war klar und kühl, und wir brachen das Brot und tranken den Wein und während tausende Sterne am Himmel blinkten, sangen wir das Lied von der Heiligen Nacht.

Ich war in dieser Nacht der Krippe und dem Stall, ich meine «der rechten Weihnacht» sehr nahe gekommen.

Otto Kretschmer
Überraschung am Heiligen Abend

Weihnachten – dieses Wort klingt in aller Welt, wo Weihnachten gefeiert wird, wie ein Zauberwort. Wer denkt dabei nicht an all die tausend Dinge, die dieses Fest verschönern? Besonders die Kinder freuen sich darauf und sind verzaubert von dem Geheimnis der Heiligen Nacht. Da öffnet sich für sie die Tür, die sonst verschlossen scheint; die Spannung löst sich und eine unwirkliche Verklärtheit legt sich über die glücklichen Augen und die erregten Herzen.

Gerade in meiner Heimat Schlesien wurde dieses Fest mit einer Innerlichkeit begangen, wie ich sie nirgendwo wieder empfunden habe. Deshalb bewahre ich diese Kindheitseindrücke selbst noch als Erwachsener tief in der Erinnerung.

Meine Mutter und ich lebten in sehr bescheidenen Verhältnissen. Mein Vater war früh verstorben; meine Mutter erhielt nur eine niedrige Witwen- und Waisenrente. Deshalb mußte sie noch nebenbei Heimarbeit verrichten. Niemals werde ich es vergessen, wie sie es ermöglichte, mich aufs Gymnasium zu schicken. Trotz der materiellen Nöte, zählen unsere gemeinsamen Weihnachtsfeste zu den schönsten Festtagen, die ich in all den Jahren erlebte.

Gemeinsam schmückten wir am Tag vor dem Heiligen Abend den Christbaum: meistens eine Fichte. Die zahlreichen Kartons mit den bunten Kugeln, den klingenden Glocken, den Vögeln, Engeln und anderen Figuren, Geschenke einer lieben Bekannten, standen nebeneinander. Abwechselnd griffen wir danach, um den Schmuck am Baum sorgfältig zu verteilen. Bevor ich das glitzernde Lametta einzeln oder in Bündeln über die Zweige fallen ließ, steckte ich die Kerzen auf. Alles geschah mit viel Sorgfalt und Liebe, ja, geradezu mit Andacht, was man heute selten findet.

Stand der Baum herrlich geputzt im Zimmer, konnte das Fest beginnen. Mit klopfendem Herzen stapfte ich am Christabend an der Seite meiner Mutter durch den hohen Schnee zur Kirche. In Schlesien lag zur Weihnachtszeit immer dicker Schnee wie Polster auf Straßen und Häusern.

Ich hatte einen Freund, er hieß Hans und galt als ein Sohn wohlhabender Eltern. Diesen sozialen Unterschied habe ich nie bewußt empfunden, weil wir uns großartig verstanden und niemals über Geldfragen diskutierten. Jahrelang galten wir als unzertrennlich. Nur ein einziges Mal kam mir der Gedanke, Hans müsse reich sein: als er im ersten Jahr unserer Freundschaft mich am Nachmittag des Heiligen Abends aufsuchte und mir ein Geschenk brachte. Mutter und ich blickten fasziniert auf das kleine runde Päckchen, das er mir zusammen mit Äpfeln und Nüssen überreichte. Kaum traute ich es auszupacken. Seine aufmunternden Worte ließen mich schließlich das Papier entfernen. Zum Vorschein kam ein rotbackiger Apfel, in den Kerben geritzt waren. In den Kerben steckten ein Fünfmarkstück und mehrere Markstücke.

Wir trauten unseren Augen nicht und brachten kaum ein Wort über die Lippen. Unsere eigenen Kinder werden antworten: «Wenn's weiter nichts ist! Da bekommen wir heute ganz andere Geschenke!» Das stimmt gewiß. Damals aber, als meine Mutter im Monat eine minimale Rente bekam, bedeuteten die Geldstücke im Apfel – zumindest für uns – eine wertvolle Gabe. Wir schauten und staunten immer nur und wußten nicht, wie wir dafür danken sollten. Hans lachte nur, lud mich für den ersten Feiertag nachmittags zu sich ein und verabschiedete sich.

Mutter und ich blieben mit klopfendem Herzen zurück. Kaum wagten wir, den Apfel mit den Geldstücken anzufassen. Ein beglückendes Gefühl überkam uns: als seien wir soeben nicht allein beschert worden, sondern als habe uns der Atem eines Engels gestreift, um uns jenen Zauber der Heiligen Nacht zu vermitteln, den damals die Hirten auf dem

Felde empfanden, als ein Engel zu ihnen trat und die Geburt des Herrn verkündete. Wir fühlten uns eingeschlossen in die Gemeinschaft der Feiernden.

Dieses Geschenk wiederholte sich jedes Jahr. Dank und Freude darüber ließen nicht nach. Die Erinnerungen an die schönen und bescheidenen Weihnachtsfeste mit meiner Mutter bleiben und werden immer von neuem die Zukunft bereichern.

Erika Wojakilowski
Der wahre Weihnachtsmann

Wieder einmal war es soweit: Wir hatten den 24. Dezember. Heiligabend, der Tag, an dem Christus geboren wurde, jährte sich. Heiligabend, das ist aber auch das Fest der Kinder und damit der Tag jenes Gesellen, der gemeinhin als Weihnachtsmann bekannt ist. Nun ist das mit diesem Weihnachtsmann so eine Sache. Jahrelang geistert er durch die Köpfe der lieben Kleinen, um dann urplötzlich von der Bildfläche zu verschwinden. Allen Naturgesetzen zum Trotz vollbringt er dabei die tollsten Kunststücke. So schwebt er zum Beispiel mit einem Schlitten durch die Luft, ohne dabei abzustürzen. Eine Tatsache, die so manchen Piloten und Konstrukteur alle Jahre wieder ins Grübeln bringt. Ja, er bringt es sogar fertig, dieses Gefährt in dichtbesiedelten Wohngebieten sicher zu landen, um anschließend damit über knochentrockene Straßen zu rattern. Oder die Sache mit dem Schornstein, er plumpst trotz beachtlicher Leibesfülle durch die engsten Schlote, und erscheint doch mit schneeweißem Bart und sauberen Klamotten in den Wohnstuben. Diesen Schornsteintrick schafft er sogar bei Häusern mit Zentralheizung. Außerdem hält er sich an keinerlei Geschwindigkeitsbegrenzung, denn alle Kinder von Grönland bis Australien in einer Nacht zu beschenken, das ist nur mit Lichtgeschwindigkeit zu realisieren. Dies alles ist möglich, weil der Glaube buchstäblich Berge versetzt. Doch, wenn bei den Kindern die ersten Zweifel aufkommen, ja, wenn er verleugnet oder sogar ausgelacht wird, dann muß der arme Geselle zwangsläufig von den Eltern liquidiert werden.

Bei uns in der Familie war der Verlauf ähnlich. Seit unsere Tochter zweieinhalb Jahre alt war, kam mit schöner Regelmäßigkeit am 24. Dezember der Weihnachtsmann hereingeschneit. Er war schon ein stattlicher Kerl, dieser Weihnachtsmann, der uns da heimsuchte. Zwar lief er schon ein wenig gebeugt und klagte über das eine oder andere Gebrechen auf Grund seines hohen Alters, was seinem Image aber nicht schadete. Mit seinem weißen Bart, den rollenden Augen, der grollenden Stimme und seiner Kleidung (scharlachroter Mantel und schwere Bundeswehrstiefel) war er schon eine imposante Erscheinung. So stapfte er denn jedesmal mit einem leutseligen «moin, moin» zur Tür herein. Dieses «moin, moin» sowie andere, offensichtlich unbeabsichtigte plattdeutsche Fehltritte ließen natürlich Rückschlüsse auf seine Herkunft zu. Er war jedenfalls immer mächtig gut drauf, flirtete mit der Mama, machte der Oma Komplimente und drohte dem Papa und dem Opa regelmäßig mit der Rute. Unsere Tochter war natürlich sehr beeindruckt, obwohl sie sich auch immer ein wenig fürchtete. Sie freute sich an diesem Tag immer gleich zweimal, einmal, wenn der Weihnachtsmann hereinpolterte und zum zweitenmal, wenn er nach getaner Arbeit wieder das Weite suchte.

Als das aufgeweckte Kind siebeneinhalb Jahre alt war und zur Schule ging, überlegten wir schon im Vorfeld von Weihnachten, ob wir dem Weihnachtsmann schon in diesem – oder erst im nächsten Jahre kündigen sollten. Die Reaktion unserer Tochter bestärkte uns allerdings in dem Beschluß, die Kündigung zu verschieben. So lief die Show dann auch wie gewohnt ab. Nachdem der Weihnachtsmann verschwunden war, waren wir alle zufrieden und mit dem Auspacken der Geschenke beschäftigt. Nebenbei versuchten wir uns im Singen von Weihnachtsliedern und diskutierten über Weihnachten schlechthin. Doch plötzlich wurden wir aufgeschreckt, denn es klingelte an der Haustür. Bevor jedoch jemand von uns öffnen konnte, flog die besagte Tür auf und Schritte, begleitet von Ächzen und Stöhnen, polterten über den Flur. Wir hatten uns noch nicht von unserem Schrecken erholt, da wurde auch schon die Tür zur Wohnstube aufgerissen und ein Zwerg stapfte herein. Er hatte einen langen Bart, der aussah, als ob er frisch aus dem Wattespender käme. Bekleidet war mit einem weißen Bademantel mit roten und blauen Streifen. Die Kapuze des Mantels hatte er tief ins Gesicht gezogen. Seine Füße steckten in offensichtlich zu großen Stiefeln mit beträchtlich hohen Absätzen. Der kleine Kerl lief ganz krumm, da er sich mit einem Kartoffelsack abmühte, welcher schon seit einigen Wochen auf meiner Vermißtenliste stand. So mühte er sich herein, wedelte mit einer Rute aus Weidenzweigen und sagte: «Moin, moin!» «Guten Abend», erwiderte ich verblüfft und fügte hinzu: «Wer bist du denn?» – «Ja, kennst du mich denn nicht?» fragte das Männlein mit blitzenden blauen Augen und grollender Stimme und fuhr gleich darauf fort: «Ick bün de Wihnachtsmann!» Das «Wihnachtsmann» endete dabei mit einem Kiekser. Oma gab daraufhin einen Juchzer von sich, was ihr einen strafenden Blick vom Weihnachtsmann einbrachte. «Der Weihnachtsmann!» riefen wir alle, wie aus einem Munde. «Aber der war doch schon da!» – «Ach der, das war doch nur ein Gehilfe, den ich mir vom Arbeitsamt ausgeliehen habe», antwortete das Männlein auf hochdeutsch, um gleich darauf auf platt zu stöhnen: «Oh, oh, mien Rheuma, kann ik mi woll eben hensetten?» – «Wat, Rheuma häst du ok al?» fragte der Opa. «Kumm du erstmol in mien Öller», bekam er zur Antwort und schwieg daraufhin lieber. Ich war natürlich neugierig und fragte deshalb: «Hast du uns denn auch etwas mitgebracht, lieber Weihnachtsmann?» – «Allerdings, das habe ich und sogar für dich, aber zuerst müßt ihr ein Weihnachtslied singen», bekam ich zur Antwort. In Anbetracht eines so gestrengen Gesellen, ließ ich mich natürlich nicht zweimal bitten und stimmte die Familie ein. Nach einem zwar nicht schönen – aber dafür lauten «O Tannenbaum» war der Weihnachtsmann schon wesentlich milder gestimmt, brummte «moi, moi» und kramte kleine Pakete aus seinem Kartoffelsack. Nachdem wir auf diese Weise alle beschenkt waren, sah er uns nochmals befriedigt der Reihe nach an und sprach: «Ick mutt nu gahn, ick hebb keen Tiet. Das ihr mir aber auch immer schön artig seid», fügte er noch hinzu, drehte sich um und knallte die Stubentür hinter sich zu.

Nachdem wir hörten, wie auch die Haustür geschlossen wurde, legte Opa als erster los. Er saß auf dem Sofa und hielt sich den Bauch vor Lachen. Wir anderen stimmten ein und wickelten unter Lachen und Reden unsere Geschenke aus. Jeder von uns freute sich riesig über die Gabe, die er da erhalten hatte. Denn es waren jene kleinen Kostbarkeiten, die im Allgemeinen in der Vorweihnachtszeit in den Schulklassen mit viel Liebe und Fleiß gebastelt werden. Nach einer Weile, wir waren natürlich immer noch mit dem Ereignis beschäftigt, öffnete sich die Tür und unsere Tochter erschien mit unschuldigem Blick. Sie setzte sich wortlos unter den Weihnachtsbaum und fing intensiv an zu spielen. Wir schauten uns lächelnd an und fingen an, ihr zu erzählen, was sich zugetragen hatte. Zuerst wollte sie uns gar nicht glauben und machte extra große Kulleraugen. Nach und nach hörte sie aber mit offensichtlich steigendem Interesse zu. Letztendlich lehnte sie sich sogar zurück und quittierte einzelne Passagen unserer Erzählung teils mit einem schelmischen, teils mit einem zufriedenen Lächeln. Zum Schluß behauptete sie sogar scheinheilig, daß sie furchtbar traurig sei, weil sie den wahren Weihnachtsmann verpaßt habe.

Broder-M. Ketelsen
Wiehnachten ward de Lüüd gediegen

«Wiehnachten ward de Lüüd gediegen», sä mien Oma fröher mal in de Vörwiehnachtstied, un ümmer wedder fallt mi düsse Wöör in, wenn de hillige Tied kümmt, un ümmer wedder heff ik doröver nadenken mußt, was se wull dormit meent hett. To mien Omas Tied weer dat jo noch allens en beten anners op de Welt, aver wenn ik mi dat so överleggen do, denn geiht mi dat jüst so as de Lüüd, de mien Oma meent hett: ik war ok gediegen. Un so geiht dat uns wull all, oder?

All hebbt wi dat bannig hild, denn jüst nu mutt allens noch in'ne Reeg bröcht warrn, wat över lang Tied liggen bleven is. Un all dat Geld, wat för düsse Tied spaart wurrn is, dat mutt nu ok ünner de Lüüd bröcht warr'n, as man so seggt. Un liekers, nu op eenmol hebbt wi ok noch Tied, een op de Straat fründlich to gröten, de wi fröher överhaupt nich sehen hebbt. Un wi hebbt ok noch Tied för'n lütten Snack! Gediegen is dat jo, wenn dat Wiehnachten ward, oder nich? Un denn de Kinner! De sünd ut Rand un Band! Överall staht se in'n Weg un wüllt nu över allens mitsnacken, un stell di vör, wegjaagd ward se nich. Vadder hört geern to, verkrüppt sik denn aver doch liesen in sien lütt Warkstääd nerrn in'n Keller, wo keenen em stören dörf, denn he snackt lever mit den Wiehnachtsmann. Un Mudder? Se kaakt un backt, un de Kinner merrnmang, de ehr nu ok geern hölpen wüllt, wo se sik sünst lever för drückt hebbt. Un denn is dat bald so wiet. De Larm op de Straat ward weniger, un in die Hüüs ward dat still. Op eenmal ward dat still. Gediegen! – Oder nich? –

Bi uns in't Huus weer ok allens tostellt för de Fierdaag. Ik harr meist noch Striet kregen, denn ik wull an'ne Seekant un noch'n beten Luft snubbern, man keenen wull mit.

«To Wiehnachten geiht man in 'ne Kark», wurr mi seggt, man ik kunn nich, ich muß ruut. In 'ne Kark weer mi dat to eng, un ik wuß ok nich, wat de Preester ditt Johr predigen dä. Ik wull ok mol alleen ween. Vun de See wuß ik, wat se mi to seggen harr, denn de kunn sik mi alleen vörnehmen un alleen mit mi snacken. Gediegen? Is dat wull, aver wat ween mutt, dat mutt ween. Ik heff mi in't Auto sett un bün rutfohrt an de See; wiet weer dat jo nich. Un ik wull rechttiedig torüch ween, dat weer jo wull klaar.

En beten düster weer dat all, as ik buten weer. Ik kunn de Brannung all hören, heff den Kragen hochklappt un bün losgahn. Oh, wat'n Luft un wat'n Natur! Un doch weer dat anners dütt Johr. Vöriges Johr weer de Brannung duller, un de Möwen hebbt ok mehr schregen as nu. Sehg allens en beten truurig ut, dücht mi, un veel Schiet un Öl leeg ok op'n Strand. Un denn güng mi dat wedder dör den Kopp. Veel snackt haarn se de letzten Daag jo nich mehr över den Doot, de över See un Land gung. De wullen de Lüüd wull to de Fierdaag nich mehr opregen. Weer dat jüst nu allens beter wurrn? Nee, wiß nich! De See hett mi düssen Dag allens vertellt, un se hett man liesen snackt, so, as een, de bald starven schull. Un de witten Flocken, de vun den Wind op dat Water fungen un na Land hen weiht wurrn, de schullen seggen, dat dat op Land ok nich beter utsehen deiht. De See werr krank, dat Land is vergifft, Botterblööm gifft dat al lang nich mehr un Seehunnen sünd noch'n paar in't Aquarium. Ik bleev stahn un heff na See ruutsehen. Vun dor schall mol dat Leven kamen sien, hett een seggt, un nu? Kümmt vun dor de Doot? Wat för'n leege Gedanken! Dat weer doch Wiehnachten! De Lüüd un ik ok, wi schüllt uns freuen över allens op de Welt! O Mann, wi kann dat angahn, dat ik jüst nu an sowat denken mutt? Mi wur ganz slecht bi den Gedanken, dat ik jo ok wull mitholpen heff, allens tweitomaken, wat noch so schön utsehen deiht. Is allens blot noch Fassade? Is dor achter allens möör un fuul? Ümmer bün ik frisch un vergnöögd vun See na Huus kamen, man hüüt? Nee, ik dreih üm un fohr na Huus, sünst seh ik swatt för de Fierdaag – un wat schullen de

Kinner denken. Blot weg vun hier! Weer ik blot mit gah in'ne Kark. De Preester harr wull nix vertellt vun düsse Sünnen, de wi dahn hebbt.

Op'n Trüchweg heff ik denn noch Lüüd drapen, de mi vergnöögd «Frohes Fest» toropen hebbt. Ik heff eerst nix seggt, man denn kregen wi noch'n lütten Snack. De beiden, Mann un Fru, harrn sik to Wiehnachten in ehren Campigwaag op'n Platz, un dat weer ok goot so, as se seggt hebbt, denn se wullen alleen ween. Se hebbt mi noch op'n Punsch inlaad, un wi hebbt över allens un nix snackt, blot nich över dat, wat mi noch jüst dör'n Kopp gahn weer. Aver denn keemen wi doch noch op dat Thema, un dat wur bannig still un nich mehr so vergnöögd. Dat wur Tied, dat ik los keem, un an de Döör sä de Fru noch:

«Wi sünd ok nich blot an 'ne See fohrt, wegen de gude Luft. Nee, wi wüllt ok mit de See un mit all dat anner lieden, man ganz för uns, un still mutt dat ween, ganz still, un denn weest ok bald, dat allens wedder beter ward op de Welt. Denn dat is nu mol so, dat allens eerst to laat ween mutt, bit wi un de annern mol nadenken doht över dat, woto wi op düsse schöne Welt sünd.»

Un denn sä de Mann noch:

«Jo, so is dat. Un ‹He› dor baben, he ward uns wull nich vergeten. He hett'n barg Arbeid un hett wull meent, dat wi sülben allens in'ne Reeg kriegt, aver nu süht He jo ok, dat wi dat nich köönt, un He ward uns wull bald düchtig ‹den Kopp waschen›! Denn ward wi wull anner Sinn's warrn!»

Ik bün vergnöögd to Huus ankamen düssen Dag, un dat wur en schönen Wiehnachtsabend. Is dat nich doch gediegen?

Nu weet ik ok, wat mien Oma dormols meent hett, un dat paßt hüüt ok noch.

Ingeborg Hunger
Süße Weihnachten 1945

Weihnachten 1945. Frieden auf Erden? Hunderttausende auf der Flucht, in Lagern, hungernd und frierend, heimatlos.

Uns hatte es noch an jenem berühmt-berüchtigten Palmsonntag erwischt, als unsere schöne alte Stadt Osnabrück im Feuersturm endgültig in Schutt und Asche versank. So saßen wir nun auf den Trümmern unserer Habe, aber wir hatten den Krieg körperlich unbeschadet überstanden, und wir hatten ein Dach über dem Kopf, d. h. wir hatten sogar zwei Dächer über demselben. Wir waren nämlich stolze Besitzer von zwei Räumen. Einer wurde zum Kochen und Wohnen benutzt, der andere zum Schlafen. Nur war ein Haken bei der Sache: Zwischen diesen beiden Zimmern lagen zwei Straßenzüge. So waren wir jeden Abend kurz vor Beginn der Sperrstunde und jeden Morgen vor Tau und Tag auf Wanderschaft.

Nun kam also Weihnachten. Und es geschah ein Wunder: Unsere Schlafzimmervermieter verreisten und boten uns an, am Heiligen Abend ihre Küche zu benutzen, damit uns in der Heiligen Nacht der Weg durch die eisige Kälte erspart bliebe. Und sie hatten uns noch einen vollgefüllten Kohlenträger hingestellt.

So hatten meine Eltern am frühen Nachmittag in der Küche – die uns nicht gehörte – das Weihnachtsfest vorbereitet. Im Herd brannte ein fröhliches Feuer, es gab einen Tannenzweig, an dem selbstgebastelte Strohsterne hingen, und es gab ein paar selbstgegossene echte Bienenwachskerzen! Wir hatten uns in der Apotheke (ich bin Apothekerin) das letzte vorhandene Vorkriegsbienenwachs brüderlich geteilt, um das erste Friedensweihnachten gebührend zu begehen. Aus dem Radio, das uns auch nicht gehörte, klangen Weihnachtslieder, und so ganz allmählich wurde uns doch festlich zumute. Nun fehlte nur noch mein jüngerer Bruder. Dieser, heute als Oberstaatsanwalt in Amt und Würden, war seit Kriegsende bis zum Wiederbeginn eines geregelten Schulbetriebes in der Landwirtschaft tätig und hatte nun zwei Tage Urlaub bekommen. Endlich ertönte die Türklingel. Mutti entzündete schnell die Kerzen, Papa ging die Tür öffnen, und dann hörten wir seine Stimme im Treppenhaus: Junge, du meine Güte, was ist denn das. Warte, ich helfe dir. Irgendein schwerer Gegenstand wurde die letzten Treppenstufen hochgehievt und stand dann mit einem «Fröhliche Weihnachten» von meinem Bruder mitten in der Küche.

Ja, da stand sie nun, eine Milchkanne, und zwar eine von der Größe, in der die Bauern ihre Milch zur Molkerei transportieren. Mutti versuchte den Deckel zu lüften, der aber heftig Widerstand leistete, so als ob er klebte. Aber schließlich war Mutti doch stärker, und dann sahen wir den Inhalt: eine dicke, braune, zähflüssige, unheimlich süße Masse, die unsere Mutter, die aus Schlesien stammte, vornehm als «Sirup» bezeichnete, während wir anderen auf gut Osnabrückkisch «Rübenkraut» riefen. Eine ganze Kanne voll. – Ein Schatz. – Die erste Probe entnahmen wir, als wir uns zur Feier des Tages ein paar Bratäpfel machten und diese an Stelle von Zimtzucker mit Sirup süßten. Es wurde noch ein schöner Abend, und als die Kerzen langsam verlöschten, da spiegelte sich ihr letzter Schein in der blanken Milchkanne.

Am andern Morgen schleppten wir noch im Dunkeln mit vereinten Kräften unser Weihnachtsgeschenk in unsere Wohnküche. Im Herd wurde Feuer gemacht, und auf der heißen Herdplatte wurden Maisbrotschnitten geröstet und noch warm mit Rübenkraut gegessen. Köstlich! Dann ging es ans Umfüllen, da mein Bruder die Kanne ja wieder mitnehmen mußte. Alle nur erdenklichen Gefäße wurden herbeigeschafft, und während die Männer gossen, standen Mutti und ich mit Löffeln bewaffnet daneben, um den Sirupfluß rechtzeitig zu stoppen. Trotzdem ging natürlich einiges daneben, und dann wurde geleckt. Weihnachten wurde immer süßer! Der Rübenkrautsegen nahm kein Ende, und als die Kanne zum Auslaufen auf den Kopf gestellt wurde, floß immer noch Rübensaft heraus. Mutti überlegte, was man alles mit Sirup anfangen könnte, und backte – trotz Weihnachten – gleich einen Rübenkrautkuchen. Von diesem eine Scheibe mit Ersatzmarmelade bestrichen und die Augen zugemacht, und man meinte, in einen dieser köstlichen Dominosteine zu beißen, die bei uns früher auf keinem Bunten Teller fehlten.

Und dann brach ab Weihnachten 1945 bei uns das Rübenkrautzeitalter an. Ein Glas nahm ich mit in die Apotheke, um an Ort und Stelle mein Brot damit zu bestreichen. Erst profitierten auch meine Mitarbeiterinnen davon, aber deren Interesse nahm dann auch schnell ab. Immer nur Süßes! Bis dann eines Tages mein Sirup doch noch etwas Tolles bewirkte. Ein älterer Herr, der beim Augenarzt gewesen war und in der Apotheke auf seine Tropfen warten mußte, bat darum, sein Butterbrot bei uns essen zu dürfen, weil sein Zug erst später führe. Er wurde in unseren Aufenthaltsraum gebeten, wo ich ihm dann auch eine Tasse von unserem «Hausgetränk» = Apfelschalentee anbot. Dann bestrich ich mein Brot mit Sirup, um auch zu frühstücken. Plötzlich ein erstaunter Ausruf von dem Patienten: Mein Gott, Mädchen, ist das alles? Und dann geschah noch ein Wunder: Dieser Herr brachte jedesmal, wenn er zum Arzt mußte, für die ganze Belegschaft zum Frühstück gut belegte Wurstbrote mit. Übers Grab hinaus sei ihm heute noch gedankt. Schließlich ging auch unser Sirupvorrat zu Ende, und seit nunmehr über vierzig Jahren habe ich keinen Tropfen Rübenkraut mehr angerührt, und ob man mir wohl glaubt, wenn ich schreibe, daß es mir noch heute beim Hören der Wörter «Sirup» und «Rübenkraut» eiskalt über den Rücken läuft?

Eins ist bis heute auch noch ungeklärt: Wie hat mein Bruder es geschafft, die schwere Milchkanne vom Bahnhof bis in unser Domizil zu schleppen? War es die Freude, uns so einen Schatz zu bescheren? Er selber kann es sich auch nicht erklären.

Barbara Kupke
Nikoläuse oder Nikolause?

Obwohl es um die Jahrhundertwende keineswegs sehr üblich war, kümmerte sich mein Großvater sehr um die Erziehung seiner sechs Kinder und überließ dies keineswegs meiner Großmutter allein. Es wurde also viel im Familienkreis gespielt, gebastelt und auch diskutiert.

Als nun die Adventszeit kam, sollte für das bevorstehende Fest des heiligen Nikolaus auch gebastelt werden, damit er die sauber geputzten Schuhe auch reichlich füllte.

Dabei ergab sich nun die Frage, ob wirklich ein einziger Nikolaus in der Lage ist, die Kinder in aller Welt in einer Nacht zu besuchen und zu beschenken; oder ob es mehrere Nikoläuse gibt. Ja, und damit war man schon heftig am Diskutieren. Heißt es denn wirklich Nikoläuse, muß es nicht Nikolause heißen, oder wie heißt die Mehrzahl von Nikolaus richtig? Man wälzte also Nachschlagwerke, aber keines konnte die erklärende Antwort auf diese Frage geben.

Da kam mein Großvater auf die Idee, doch einen Fachmann zu fragen. Er ging also in das nächste Schokoladengeschäft und sagte: «Ich hätte gerne einen Nikolaus aus Schokolade.» Als die Verkäuferin ihn dann einpackte, fiel Großvater ein: «Ach nein, geben Sie mir doch bitte noch einen, und könnte ich wohl bitte eine Quittung für die Sachen haben.» Die Verkäuferin packte also die beiden Schokoladen-Nikoläuse ein und schrieb eifrig die Quittung. Nach dem Bezahlen reichte sie beides meinem Großvater, der sich allerdings genierte, gleich im Laden die Quittung zu lesen. Er ging also eilig aus dem Laden und war sich ganz sicher, nun endlich die richtige Antwort auf das Problem der «Nikoläuse» oder «Nikolause» gefunden zu haben.

Als er nun die Quittung entfaltete, stand dort in sauberer Schrift: 2 Weihnachtsmänner.

So weiß meine Familie bis heute leider noch nicht, ob es eine Mehrzahl von «Nikolaus» gibt und wenn ja, wie sie richtig heißt. Aber gerade zur Adventszeit wird in meiner Familie noch immer herzlich über diese Begebenheit gelacht.

Sylvia Nieroba

«Es begab sich aber zu der Zeit...»

An einem kalten, verschneiten Dezembertag, ganz kurz vor Weihnachten, stand auf einem kleinen, thüringischen Bahnhof eine junge Familie mit ungewöhnlich viel Gepäck. Der junge Mann war ernst, die Frau sah übernächtigt aus und hatte keinen Blick für die vorbeihastenden Reisenden. Die Kinder hüpften in der Bahnhofshalle umher und vertrieben sich die Zeit. Zwei junge Männer, offensichtlich Freunde, sprachen leise mit dem Ehepaar. Mehrere Koffer und Taschen, Campingbeutel und ein roter Schulranzen waren rings um die kleine Gruppe aufgebaut. Von Zeit zu Zeit kam jemand durch die große Pendeltür des Bahnhofs, sah sich um und kam auf das Ehepaar zu, eine junge Frau mit einem Baby auf dem Arm, ein Mann mit seiner Tochter, eine Frau mit einem Kind an der Hand. Sie sprachen ein paar Worte mit der Familie, umarmten sie und steckten den Kindern noch kleine Geschenke zu. Sie hielten sich alle nur wenige Minuten auf, und beim Abschied sah man Tränen in ihren Augen. Ein aufmerksamer Beobachter konnte aus all diesen Dingen erkennen, daß dies kein normaler Abschied war, denn die junge Familie wartete auf den D-Zug nach Frankfurt/Main. Nach langen und oft schweren Jahren des Wartens, durften sie nun in den Westen ausreisen. Die letzten Tage waren für die junge Familie aufregend und voller Stress. Alle persönlichen Dinge mußten geordnet werden, die Wohnung mußte aufgelöst werden, und immer stand die Ungewißheit noch im Raum, an welchem Tag sie nun wirklich fahren durften. Gestern dann kam die erlösende Nachricht, und zwei Stunden vor der Abfahrt durfte sich die Familie die Ausreisepapiere abholen und die Fahrkarten lösen. Und nun standen sie hier auf dem kalten, zugigen Bahnhof. Nur noch wenige Minuten blieben, um mit den Freunden letzte Worte zu tauschen. Eigentlich war alles längst gesagt, es waren nur noch Minuten voller innerer Spannung. Sie hatten sich in den letzten Tagen von allen verabschiedet. Von den Nachbarn, Bekannten und Verwandten, und von den Freunden. Anstrengend war das gewesen, man war innerlich irgendwie zerrissen. Auf der einen Seite war da die Erleichterung und die Freude, nun endlich fahren zu dürfen, auf der anderen Seite die Gewißheit, die altvertraute Umgebung und die liebgewonnenen Freunde zurücklassen zu müssen. Während die ganze Umgebung ihre Stuben schmückte und die letzten Weihnachtsvorbereitungen traf, hatte die junge Familie ihre Wohnung, ihr Zuhause, ausgeräumt, die Möbel verschenkt und die Koffer gepackt. Vorweihnachtlich ging es dabei bestimmt nicht zu, doch da war bei allem eine ganz tiefe innere Hoffnung, Freude und Spannung auf den Neubeginn «drüben» dabei. Den Kindern machte das alles nichts aus. Für sie war es das große Abenteuer, einpacken, dorthin fahren, wo man sonst nicht hindurfte. Als der Zug einfuhr, ging alles sehr schnell, und das war gut so. Bis zur Grenze wurde nicht viel gesprochen, selbst die Kinder spürten die Spannung der Eltern und verhielten sich ziemlich ruhig. Die Grenzabfertigung verlief schnell. Als der Zug bereits in Richtung Bebra fuhr, öffnete der Mann langsam die Abteiltür und stellte sich auf den Gang ans Fenster, die junge Frau stellte sich daneben und schob ihre Hand in seine Hand, und so fuhren sie in die Nacht hinein. Die Kinder entdeckten als erstes die Lichter, und alle wußten, daß für sie nun das Leben im anderen Teil Deutschlands begonnen hatte. Der Zug ratterte durch eine Ortschaft, vorbei an kleinen Häusern mit lichtgeschmückten Vorgärtentannen und einer hell angestrahlten, auf einem Hügel stehenden Kirche. Auch hier also, war bereits alles weihnachtlich geschmückt. Die junge Frau mußte an den Beginn des Weihnachtsevangeliums denken, das in wenigen Tagen von so vielen Menschen gehört werden würde, und einige Sätze daraus kamen ihr in den Sinn.

«Es begab sich aber zu der Zeit...

und

da machte sich auch Joseph auf... mit Maria

und, sie legten das Kind in eine Krippe, denn in der Herberge war kein Platz für sie...»

Wie wird es uns hier ergehen, dachte sie, und wird es einen «Platz» für uns geben? Wie werden uns die Menschen hier aufnehmen? Lieber Gott, laß uns hier wieder eine Heimat finden! Doch dann verjagte die Freude und die Zuversicht und die Hoffnung alle anderen Gedanken.

Sie waren angekommen und machten ihre Herzen und ihren Verstand weit auf für das nun Kommende.

Wilfried Schulz

Nur eine Kerze

Jeder muß seine eigenen Erfahrungen machen. Auch die schlechten. Viele Erlebnisse, die man als Kind noch nicht versteht, kriegen mit zunehmendem Alter ein anderes Gesicht. Manches klärt sich auf, man versteht und begreift es.

Andere Begebenheiten bleiben ganz tief haften, doch verstehen kann man sie nie. Es war Ende der dreißiger Jahre:

Ich war zehn und die Welt war für mich in Ordnung, zumal Weihnachten vor der Tür stand. Viele Dinge im täglichen Leben, die sich verändert hatten, sind mir erst viel später aufgefallen. Als Kind hat man dafür noch kein Gespür, da waren andere Dinge wichtiger.

Wir wohnten in einem kleinen Ort. Eine lange Straße, die notwendigsten Geschäfte – das war's. Vater war Polizist, der einzige im Ort. Wir wohnten in einer Dienstwohnung. Unten im Haus hatte Vater ein Büro, angeschlossen daran war eine Arrestzelle, die war nie abgeschlossen, und es saß auch keiner ein – bis dahin. Vieles beginnt langsam, man merkt es kaum.

Bis zu diesem Zeitpunkt war Vater der einzige Mann im Ort, der eine Uniform trug. Meistens nicht einmal vorschriftsmäßig, wozu auch, es störte ja niemanden. Man achtete ihn auch so, ob mit oder ohne Uniform. Seit geraumer Zeit war das anders, da trafen sich einige Männer aus dem Ort und der Umgebung im Hinterzimmer des Gasthauses. Auch sie trugen Uniform – braune.

Damit kam die Wende auch in unser Dorf.

Vater und Mutter sprachen abends oft über diese Geschehnisse. Namen und Orte in diesen Gesprächen sagten mir bis dahin noch nichts. Irgendwie wurde jetzt alles anders, ernster. Vaters Uniform war nun immer in Ordnung. Er mußte auch oft zur vorgesetzten Dienststelle in die Kreisstadt. Bedrückende Gefühle, auch in unserer Familie, wurden vom bevorstehenden Weihnachtsfest überdeckt.

Bis zu dem Tag, kurz vor Weihnachten. Papa hatte unseren Kaufmann vom Kolonialwarengeschäft, Herrn Rose, in die Arrestzelle gesperrt. Mein Vater sperrte den Mann ein, der nur drei Häuser weiter wohnte. Den Mann, der in seiner ruhigen, gutmütigen Art immer eine Kleinigkeit für uns Kinder bereit hatte – auch ohne Bezahlung.

Von heute auf morgen verstand ich die Welt nicht mehr. Alle Fragen an meine Eltern blieben ohne Erfolg. Vater sagte nur immer, er mußte Herrn Rose auf Anordnung von ganz oben und ganz sicher gegen seine eigene Überzeugung einsperren. Damit hatte er mir schon mehr gesagt, als er eigentlich durfte. Ein Wort allerdings fiel immer wieder in den Gesprächen meiner Eltern: «Jude.»

Heiligabend war da. Ich empfand keine Freude mehr. Da sollte ich feiern, und Herr Rose, der immer so nett zu mir gewesen war, saß in der kalten, nackten Arrestzelle. Der Heiligabend ging an mir vorüber, ich dachte nur an Herrn Rose, jetzt mußte ich ihm irgendwie etwas Gutes tun.

Als Vater und Mutter noch in der Küche beim Essen waren, ging ich ins Wohnzimmer und nahm eine brennende Kerze vom Tannenbaum. Herr Rose sollte wenigstens mit etwas an Weihnachten erinnert werden. Als ich mit der brennenden Kerze durchs Treppenhaus ins dunkle Büro ging, hörte ich aus dem Nachbarhaus den Gesang von «Stille Nacht, Heilige Nacht». Ich hatte einen Kloß im Hals, der sich noch verstärkte, als ich die kleine Klappe in der Zellentür verbotenerweise öffnete. Herr Rose lag in einer Wolldecke eingehüllt auf der Pritsche. Langsam stand er auf und kam an die Tür. Im schwachen Licht meiner Kerze konnte ich sehen, daß er geweint hatte. Ein Blick seiner unendlich traurigen Augen traf mich. Ich konnte plötzlich nichts mehr sagen, wortlos reichte ich ihm die brennende Kerze durch die Türklappe. Hilflosigkeit spiegelte sich in den Augen des Mannes wider. Mein ganzes Leben werde ich diesen Blick der Traurigkeit und Verständnislosigkeit nicht vergessen.

Erst als ich wieder in der Wohnung war, merkte ich, daß mir dicke Tränen übers Gesicht liefen. Das war mein Weihnachten 1938. Kurz nach Weihnachten wurde Herr Rose abgeholt, wie sie es nannten. Ich sah ihn nie wieder.

Dennoch, viele Jahre später, bekam ich einen Brief aus Amerika. Es war wieder Weihnachten. Ich war jetzt schon vierzehn. In schlichten Worten schrieb mir Herr Rose, an den ich so oft gedacht hatte, daß er noch lebe und in Amerika eine neue Heimat gefunden habe. Daß er aber selbst mit den dankbarsten Worten nicht die Gefühle ausdrücken könne, welche Freude ihm die eine brennende Kerze in jener «Heiligen Nacht» des Jahres 1938 bereitet hatte.

Hanneliesa Elsner

Wie es war, als der Weihnachtsmann bei uns schlief...

24. Dezember vor acht Jahren:

Es hatte über Nacht geschneit, und die Kinder waren mächtig aufgeregt. Weil mein Mann Briefträger ist und auch am Heiligen Abend immer noch Leute Post bekommen wollen, mußten wir, wie jedes Jahr, den Tannenbaum am Tage vorher schmücken und all die großen und kleinen Päckchen unter dem Baum verteilen. Dann mußte natürlich das Wohnzimmer verschlossen werden. Das gab immer viel Getuschel vor der Stubentür, ab und zu wohl auch einmal einen ganz, ganz vorsichtigen Blick durch das Schlüsselloch. Zu der Zeit war unsere Tochter sechs Jahre alt und unser Axel zwei. Beide Kinder waren ganz fest überzeugt, daß nun hinter der verschlossenen Tür der Weihnachtsmann die Geschenke von seinem Schlitten lud und es sich vielleicht auch noch mal kurz auf einem Sessel gemütlich machte.

Den ganzen Vormittag war ich noch beschäftigt, damit wir, wenn mein Mann glücklich alle Briefe abgeliefert hatte, uns auf den Heiligen Abend freuen konnten. Erfahrungsgemäß wurde es immer sehr spät mit dem Mittagessen, die Kinder wurden immer zappeliger und aufgeregter, und mir ging es auch nicht viel besser.

So putzte ich ein Zimmer nach dem anderen und muß dabei wohl unvorsichtigerweise an die Taste der Gegensprechanlage gekommen sein, die noch seit Axels Babytagen im Kinderzimmer installiert war. Diese Anlage hatte noch Verbindung zum Wohnzimmer, funktionierte aber nicht mehr richtig. So gab der Druck auf die Taste nur ein schnarrendes Geräusch in der Wohnstube.

Maike, die gerade mal wieder an der Stubentür gelauscht hatte, kam ganz aufgeregt angerannt: «Mama, Mama, der Weihnachtsmann liegt bei uns auf dem Sofa und schnarcht!»

Nun war aber was los! Abwechselnd standen die beiden jetzt mit dem Ohr an der Tür. Ab und zu gelang es mir, wieder unbemerkt ins Kinderzimmer zu kommen, schon schnarchte der Weihnachtsmann.

Axel war entsetzt: «Der darf doch nicht schlafen, der muß doch noch weiter!»

Das gab ein Hallo, als der Papa endlich nach Hause kam! «Der Weihnachtsmann schläft hier, der schnarcht ganz laut!» Maike trompetete ihm das schon auf der Treppe entgegen. «Mach mal was, damit der Kerl aufwacht», das war Axel.

Und der Weihnachtsmann schnarchte und schnarchte, jetzt, wo der Papa zu Hause war, schlief er anscheinend noch viel fester.

Endlich war die Zeit gekommen, zur Kirche zu gehen. Die Kinder waren kaum dazu zu bewegen, sich anzuziehen. Der Weihnachtsmann schlief doch immer noch!

Schließlich hatte Maike die rettende Idee. Sie kam mit unserem Wecker. Den zogen wir auf und stellten ihn vor die Stubentür. Nun konnten wir beruhigt losgehen. Unterwegs wurde natürlich in jedes erleuchtete Fenster geguckt, war da etwa das Christkind schon gewesen?

Naja, das Christkind war sicher fleißig und viel jünger, der Weihnachtsmann mußte ja alt und müde sein.

In der Kirche war es kaum möglich, die Kinder still zu halten, die dachten nur an unseren schnarchenden Besucher.

Beim «Stille Nacht» passierte es dann:

An der Stelle «alles schläft» ging es mit unserem Axel durch: «Ja, bei uns schläft er auf'm Sofa, und er wacht überhaupt nicht auf, der olle Knabe!»

Schon versuchte er, Reißaus zu nehmen. Er wollte doch wieder los, sehen, was der Weihnachtsmann machte.

Zu seinem Glück dauerte es nicht mehr lange, bis der Gottesdienst zu Ende war und wir nach Hause gingen.

Hier war das Entzücken nun unbeschreiblich, denn in der Zwischenzeit war der Weihnachtsmann doch noch aufgewacht, sicher durch den Wecker, und weitergezogen.

Seit dieser Zeit können wir «Stille Nacht» aber nie mehr so richtig andächtig singen, denn wir müssen immer an den müden Weihnachtsmann denken.

Ilse Hermann

Weihnacht

Weihnacht,
    das ist die Nacht,
In der wir Heimweh haben nach Tagen einer
längst vergessenen Zeit,
Nach Menschen, die uns Freude gaben,
Nach Stätten, die uns unermeßlich weit

Weihnacht,
        das ist die Nacht,
In der wir Rückschau halten
Und uns'ren Weg betrachten wie ein Bild
Und stumm die Hände über Gräber falten
Der Lieben, die den Lauf erfüllt.

Weihnacht,
        das ist die Nacht
Der großen Einsamkeiten,
Da jeder still wird unter seinem Leid
Und nur die Kinder ihren Jubel breiten
Auf wunde Seelen, wie ein goldnes Kleid!

Weihnacht,
        das ist die Nacht
In der Gebete steigen,
Erbittend, flehend, dankend auch zugleich
Und wir uns vor dem großen Gott nun neigen
Und seinem königlichen Reich!

Elfi Faustmann

Mein schönstes Weihnachtsfest

1943, als meine Eltern und ich nach der ersten Bombennacht in Wandsbek unsere Wohnung verließen, weil Flugblätter ankündigten, daß die Luftangriffe in der darauffolgenden Nacht fortgesetzt würden, suchten wir Schutz in unserer Schreberlaube in Bramfeld und mußten leider feststellen, daß diese in der vorangegangenen Nacht durch eine Brandbombe niedergebrannt worden war.

    Wir verbrachten die Nacht im nahen Wald unter einer Tanne. Als wir morgens unsere Wohnung aufsuchten, brannte dort alles. Sachen, die wir noch retten konnten, wurden abgeholt und außerhalb der Stadt deponiert.

Wir verließen auf Lastwagen Hamburg.

Im Herbst 1943 kamen wir zurück und bekamen auf dem Schrebergelände ein Behelfsheim aufgestellt. Mein Verlobter galt seit dem 16. Oktober als vermißt. Er war als U-Boot-Fahrer im Einsatz gewesen. Nachdem wir die Nachricht seiner Rettung bzw. Gefangenschaft erhielten, waren wir, den Umständen entsprechend, froh. 1944 wurden wir ferngetraut.

Im März 1946, durch den strengen Winter immer noch sehr kalt und ohne Heizmaterial, gingen meine Eltern mit dem Schlitten zum erstenmal in den Wald, um Holz zu sammeln.

Ob sie selbst zu unwissend waren, ob andere Leute sich zu leichtsinnig verhielten, mein Vater wurde von einer umstürzenden Tanne, die meine Eltern nicht bemerkten, erschlagen.

Nun waren meine Mutter und ich allein.

Weihnachten stand inzwischen vor der Tür und wir waren unsagbar traurig.

Unsere Nachbarn, die einen dreijährigen Sohn hatten, luden uns zum Heiligabend ein. Der Weihnachtsmann wollte kommen und wir sollten die Freude des Kindes darüber miterleben.

Meine Mutter schickte mich schon vor, sie selbst mochte nicht mitgehen.

Wir warteten auf das Klopfen des Weihnachtsmannes. Die Tür ging auf, und es war meine Mutter, die hereinkam. Sie sagte zu mir: «Geh mal rüber, drüben ist der Weihnachtsmann.»

Erstaunt darüber tat ich es, und wer stand dort in unserer Stube?

Es war mein Mann, der aus der Gefangenschaft entlassen worden war und auf abenteuerliche Weise den Weg zu uns geschafft hatte – genau zum Heiligabend.

Thea Kähler-Karger

Genau, wie in Bethlehems Stall

Es war das erste Weihnachtsfest, das ich mit meinen Kindern allein feiern würde. Damit ihnen der Verlust ihres Vaters nicht allzu schwer wurde, sonst hatte er alle Jahre zusammen mit den Kindern den Heiligabend gemeistert, während ich Dienst in einem Pflegeheim tat, hatte ich rechtzeitig vorgesorgt: Die Geschenke waren verpackt, die Lebensmittel im Haus, der Tannenbaum stand abholbereit bei Opa. Es fehlte nichts, es konnte nichts schiefgehen, «Planung ist alles», sagte ich mir, und stand am Heiligen «Morgen» schon um vier Uhr in der Küche. Der Rotkohl war geschmort, die Gans gefüllt, die Cremespeise geschlagen, der Tannenbaumschmuck und die Geschenke lagen bereit, alles war mit Spickzetteln versehen, darauf stand, wer, was, wie und wann erledigen sollte. Die Kinder hatten am Abend zuvor ihre Instruktionen erhalten, und so fuhr ich schon bald frohgelaunt durch die weiße, friedliche Winterlandschaft zu meiner Arbeitsstelle, im Kopf schon planend, wie dieser Tag, mit all den zusätzlichen Arbeiten, wohl am besten zu bewältigen sei: Zwanzig Bunte Teller müssen gefüllt, der Tannenbaum geschmückt, Reisetaschen gepackt und zwanzig Heimbewohner «fein angezogen» werden. Das kostet allergrößte Geduld, denn sie sind immer sehr aufgeregt, haben Angst, zu spät zur Feier zu kommen. Das Fest im Saal war in vollem Gange: Flitzen, wetzen, Kaffee einschenken, Torte schneiden, Kekse reichen, Singen und Posaunenblasen, Pastor spricht. Und dann: «Schwester Thea, Telefon!» Ich renne auf die Station. Verzagt drang die Stimme meiner Tochter an mein Ohr: «Mami, Matthias ist noch nicht mit dem Tannenbaum von Opa zurück, wie soll ich es denn bloß noch schaffen, ihn zu schmücken?» – «Ruf bei Opa an, er soll ihn sofort nach Hause schicken. Geht es dir sonst gut, mein Schatz?»

«Ja, ich sortiere den Schmuck schon mal.»

Ich eilte zurück in den Saal: Geschirr abräumen, Kuchen raus, Gläser auf den Tisch, flitzen, wetzen, Punsch einschenken, Knabbersachen ausgeteilt, Singen und Posaunenblasen, Heimleiter spricht.

Und dann wieder: «Schwester Thea, Telefon!» Ich renne auf die Station. Verzweifelt klagt die Stimme meiner Tochter: «Mami, Matthias kriegt den Tannenbaum nicht in den Fuß gesetzt, er springt draußen herum, wie Rumpelstilzchen!» – «Dann hilf ihm, beruhige ihn, halt den Baum fest – ist die Gans schon im Backofen?» ... «Uhuuuuuuu» heulte sie los, und ihre Stimme überschlug sich, als sie ihren Bruder anschrie: «Siehst du, Matthias, siebzehn Uhr steht auf dem Zettel!» – «Das ist doch nicht so schlimm», beruhigte ich sie. «Wir essen dann eben etwas später, wir haben die ganze Nacht noch Zeit. Wir nehmen alles so, wie es kommt!» Zurück in den Saal: Die Bescherung hatte angefangen... Und danach die Bewohner auf die Stationen fahren, die Treppen hochtragen, sie auskleiden, zu Bett bringen, Medikamente stellen, Spritzen geben, Durchbetten, Abendbrot verabreichen und wieder: «Schwester Thea, Telefon!» – «Mami», jammerte meine Tochter, «der Baum steht ganz schief, so kann ich ihn nicht schmücken; und außerdem stinkt das ganze Wohnzimmer nach Kuhstall! Stell dir vor, weil der Baum voller Eiszapfen war, hat Omi ihn über Nacht in den Kuhstall zum Abtauen gestellt!» – «Susimaus, nimm das Bild von der Wand und an diesen Haken bindet ihr mit einer Schnur den Baum fest, und gegen den Gestank nimmst du 4711, und Raumspray muß auch noch irgendwo sein! Ist sonst alles klar?»

«Matthias sitzt vor dem Backofen, er liest, die Gans brutzelt – Matthias!» keifte sie zur Küche hinaus. «Du sollst den Baum festbinden. Wir werden bestimmt kein schönes Weihnachten haben!» heulte sie. «Muschilein, ihr seid doch so clever, und du hast doch sonst immer die tollsten Ideen, ihr macht das schon! Und nun ruf mich bitte nicht mehr an, sonst schaffe ich meine Arbeit nicht und komme viel später nach Hause.» – «Ja, Mami», sagte sie kleinlaut.

Jetzt die mobilen Bewohner auskleiden, ins Bett bringen, Zahnprothesen einsammeln, zur Klingel laufen, Becken schieben, Tränen trocknen, Vergessene trösten...

Plötzlich steht die Nachtwache in der Tür: «Sagen Sie mal, was machen Sie denn noch hier? Sie haben doch Kinder, die auf Sie warten. Nun aber ab nach Hause, den Rest erledige ich!» – «Oh, fein, danke! Und fröhliche Weihnachten!» rief ich, schnappte Mantel und Tasche und rannte hinaus zu meinem Auto. Zuerst mußte ich eine dicke Schneedecke abfegen, danach das Eis von den Scheiben kratzen und das Türschloß war eingefroren... mir blieb auch nichts erspart heute!

Verschwitzt, mit brennenden Füßen und schmerzendem Rücken saß ich endlich im Wagen und fuhr Richtung Heimat. Die Landstraße war wie leergefegt, die Dörfer lagen weißverpackt und still da. Nur durch die Fenster schimmerte gemütlicher Kerzenschein. Eine ungeheure Sehnsucht nach Ruhe und Wärme überfiel mich. Ich fuhr schneller.

Ununterbrochen trieben dicke Schneeflocken auf die Frontscheibe zu, meine Augen brannten, meine Nerven versagten...

Und dann: in der nächsten Kurve: ein Holpern – ein Schlurfen – und – aus! Ich saß im Graben! Mir war alles gleichgültig. Ich konnte nicht mehr! Erschöpft, ergeben ließ ich den Kopf vornübersinken.

Erst, als die Kälte an mir hochkroch, wurde ich wieder aktiv, und mir fielen meine armen Kinder ein: Wie würde es ihnen wohl ergehen? Sie hatten nicht wieder angerufen! Was mochte wohl zu Hause los sein? Chaos und Tränen? Egal, was ich vorfinden würde, ich würde irgend etwas zaubern, um das Fest zu retten, und den Humor wollte ich nicht verlieren!

Mit Schaukeltechnik kam ich aus dem Graben heraus und fuhr, neu motiviert, weiter. Nach zwanzig Kilometern endlich das Ortsschild: «SCHAFFLUND» – Doch was war das? Mir wurde beklommen zumute. Unser Haus lag im Dunkeln! Meine Gedanken überschlugen sich: Bestimmt hatten die Kinder in ihrer Not bei den Großeltern angerufen und sie hatten «die armen Kinder» zu sich geholt.

«Oh, nein, bitte das nicht! Ich wollte es doch alleine schaffen!» Tränenblind stolperte ich zur Haustür, stocherte mit dem Schlüssel im Schloß herum, als die Tür auch schon nachgab. Nicht einmal abgeschlossen... «Guten Abend, gnädige Frau», sagte die Stimme meines Sohnes aus dem Dunkel heraus. «Treten Sie ein!» – «Oh, wie geht es denn?» fragte ich vorsichtig. «Guhut, wir sind fertig.» Am Treppengeländer lehnte lässig meine Tochter, sie knipste das Licht an und befahl: «Marsch, ins Bad mit dir, in zehn Minuten wird gegessen!»

Mein grünes Seidenkleid, frische Wäsche und Schuhe hatte sie bereitgelegt, und ich tauchte ein in knallblaues Badewasser.

Wie gut nur, daß meine Zeit begrenzt war, meine Freudentränen hätten sonst wohl die Wanne zum Überlaufen gebracht.

Als ich ins Wohnzimmer trat, prangte dort auf dem Tisch die knusprige Gans, der Rotkohl und die Kartoffeln dampften in den Schüsseln, und der Tisch war so festlich gedeckt – es fehlte einfach nichts!

Was für tüchtige Kinder ich doch hatte! Kann sich eine Mutter etwas Schöneres wünschen?

Doch meine Tochter zerrte mich an der Hand zum Tannenbaum: «Mami», fragte sie, «ist der Baum gut genug geschmückt? Und ... riechst du was?»

«Der Baum», sagte ich, «ist so schön wie immer. Ich sehe keinen Unterschied... oder doch?...» Ich schnupperte... «Ja!... Ja!... Hmmm... Er ist viel besser!»... Ich schnupperte wieder und wieder... «riecht so nach Schafen... oder ...nach Kühen??... Ein wenig nach Weihrauch... ein wenig nach Myrrhen... und...»

«O ja, o ja», rief meine Tochter, «genau, wie in Bethlehems Stall!»

P. S. Was ich noch sagen wollte – aber das dürfen die Kinder nie erfahren: Es stank bestialisch durcheinander nach Rotkohl – 4711 – Gänsebraten – Kuhstall und Fichtennadelduft!

Marika Bronisch

«Und auf einmal war ein Leuchten»

Weihnachten naht. Der Blick in meinen Lehrerkalender zeigt es. Die abgehakten Tage, das Blättern voraus. So bald schon wieder! In zwei Wochen der 1. Advent. Zeit also schon mal zu überlegen, welches Stück spielen wir diesmal? «Der Weg zur Krippe»? Nein, hatten wir letztes Jahr. «Am Weihnachtstag»? Ja, das könnte was werden. Mit Orffschen Instrumenten. Flöten könnten dabei sein. Wo wir doch gerade, jetzt in der 3., mit dem Flötenspiel begonnen haben. Schon mal im Ordner nach Advents- und Weihnachtsliedern suchen, nach Gedichten von Weihnacht und Winter. Fertige Matrizen. Ob sie noch was hergeben? Ich müßte in Zukunft vermerken, wie oft schon abgezogen. Wir werden sehen. Zur Not ist da ja noch der neue Normalpapierkopierer.

Jedes Jahr die gleichen Überlegungen. Jedes Jahr eine Zeit zumeist freudigen Übens. Einladungen an die Eltern. Endlich ist es so weit. Der Nachmittag oder auch Abend der Weihnachtsfeier. Im Klassenzimmer. Gebastelter Weihnachtsschmuck an Fenstern und Wänden. Wache Kinderaugen, gerührte Eltern, weinende Kleinkinder dabei, liebe Worte, dankbares Händeschütteln. Eigentlich immer alles wie gehabt. Der Anlaß, das Thema, die Stimmung: Im Laufe von vielen Jahren Schuldienst fließt in der Erinnerung alles ineinander, wird zu einer einzigen großen Feier.

Und doch! Wenn ich zurückblicke, war da ein Erlebnis, das im eigentlichen Sinne des Wortes alles andere überstrahlt. Noch heute unvergeßlich. «Überleuchtet» muß es besser heißen. Denn es hatte mit dem «Leuchten» zu tun. – Auch 3. Klasse. Vor zehn Jahren? Ungefähr. –

«Wißt Ihr noch?» Ein Weihnachtsgedicht von Hermann Claudius. Sechs Strophen. Also, sechs Kinder bestimmen. Wer nimmt die 1., 2., 3. . . . . Strophe? Namen an den Rand der Strophen schreiben. Nadia, 1. Strophe, Sonja, 2. Strophe, . . . Ja und hier kann ich eigentlich schon aufhören. Denn hier ereignete sich das für mich noch heute Unfaßbare. – Da steht Sonja. Vor der Klasse. Ich hatte es vorgemacht. Beide Hände leicht vor dem Körper. Dann eine ruhige, schwebende Bewegung jeder Hand zur Seite: «Stille war es um die Herde.» Ruhiger, warmer Klang der Stimme. «Und auf einmal war ein *Leuchten*» . . . Mir stockt der Atem. Ich übertreibe nicht. Ein Schauder durchrieselt mich. Gänsehaut, obwohl ich an der Heizung lehne . . . «und ein Singen auf der Erde» . . . Die Hände, die beim «Leuchten» in einer unglaublich leichten, innigen Bewegung einen Bogen vor dem Körper geformt hatten, gehen jetzt sanft herunter zur Seite. « . . . daß das Kind geboren sei.»

Ja, so muß es gewesen sein. Ein Schulmädchen nur! Und ich sehe eine Himmelsleiter, gewaltiges Licht, den Engel der Verkündigung, die Hirten, geduckt im blendenden Schein. Den Stern über dem Stall, das Kind in der Krippe. Sooo *leuchtend*!

Die folgenden Strophen, ich höre sie wie von fern. Klanglos, ohne Stocken aufgesagt. Brav!

Was *weiß* sie, die auch Sonny genannt wird? Weiß sie mehr als die anderen Kinder? Als ich? Fühlt sie anders? Oder ist es nur der Klang ihrer Stimme?

«...ein *Leuchten*»! So unnachahmlich! Aber nicht unwiederholbar. Denn: Wir üben noch mehrfach. Und – es ereignet sich jedesmal. Das *Leuchten*... Im Klassenraum. Die Mitschüler spüren etwas. Tatsächlich. Keine Einbildung von mir. Münder öffnen sich, und die Köpfe beschreiben eine kleine, aber sichtbare Bewegung von unten nach oben und wieder nach unten.

Ich bin sicher. Dieses Leuchten! Es wird auch den Abend mit den Eltern erhellen.

Nur spärliches Licht von einigen Kerzen. Ich stehe seitlich von den Kindern, ihnen zugewandt.

... «und auf einmal war ein *Leuchten*»... Woher nimmt das Kind diese Kraft in der klingenden Stimme? Diese Innigkeit in der natürlichen Bewegung? Diese Beständigkeit in all den Wochen des Übens? Diese Selbstverständlichkeit, die immer wieder neu strahlt? Nun auch an diesem Abend.

Ich helfe den Kindern beim Ausziehen der Kostüme für das Weihnachtsstück.

Der Vater eines Schülers steht vor mir. Pastor in unserem Ort. Fragt: «Wer ist dieses Kind?» Ich verstehe ihn sofort. Er weiß, daß ich weiß, wen er meint.

Ein Leuchten, das Seelen zur gleichen Empfindung bringt. Ich erzähle von Sonny. Sie ist noch nicht lange bei uns. Wohnte einige Jahre in Costa Rica. Vater war dort Entwicklungshelfer.

Ich komme nach Hause, beglückt wie noch nie nach einer Weihnachtsfeier.

«...und auf einmal war ein *Leuchten*...» empfängt mich mein Mann. Ich habe zu oft davon erzählt. Er übertreibt mit kicksender Stimme. Geflügeltes Wort für längere Zeit.

Drei Tage später. Heiligabend.

Mein Mann, unsere kleine Tochter und ich frohgestimmt

in der Kirche. Kerzengeschmückte Weihnachtsbäume zu beiden Seiten des Altars. Viele Kinder. Ungeduldige Augen. «Ihr Kinderlein, kommet...» Unser Pastor auf den Stufen zum Altar. Die Weihnachtsgeschichte? «... Weihnachtsfeier meines Sohnes in der Schule...» Ich glaube zu träumen. «...ein *Leuchten,* so hell und stark...» – «...das Ereignis von der Geburt Christi, ich habe es neu erlebt... neu begriffen... Da muß erst ein Kind aus Costa Rica kommen... mir die Botschaft ganz neu bewußt machen... dieses unglaubliche, gewaltige *Leuchten*... das mit Christus in die dunkle Welt gekommen ist...»

Was aus Sonny geworden ist? Genau weiß ich es nicht. Kürzlich las ich in der Zeitung, daß sie Deutsche Jugendmeisterin in Karate wurde.

Elfriede Baumbach

Weihnachtswunsch!

Es war ein kalter, schneereicher Heiliger Abend 1947.

Am Vormittag ging Mutter mit mir in den nahen Wald, einen Christbaum zu holen.

Uns drückten große Sorgen. Wir hatten wenig Geld, keine Arbeit, und meine Schwester lag krank in einer Heilstätte. Auch am Abend wollte keine Freude aufkommen. Um elf Uhr machten wir uns auf den Weg zur Christmette. Die Heilige Nacht war sternenklar, der Schnee glitzerte und knirschte unter unseren Füßen.

In der Kirche war es hell und warm. Alle Bänke waren besetzt. Mutter blieb hinten stehen.

Ich stellte mich ganz nah an den Altar und bat das Christkind im Gebet um Hilfe. Ich war überzeugt, daß es helfen würde. Nach der Christmette bekam jeder Besucher ein Päckchen Kakao. Ein Schatz in dieser Zeit.

Am 1. Weihnachtstag besuchten wir meine Schwester. Die Oberin der Heilstätte suchte eine Hilfskraft. Meine Mutter erhielt die Stelle. Am 1. Januar sollte sie anfangen. Mein Weihnachtswunsch hatte sich erfüllt.

Rosalinde Hochhaus

Schneeflöckchen – Weißröckchen

Eigentlich ist diese Geschichte
eine Vorweihnachtsgeschichte,
darum zündet an die Kerzen
und erwärmet eure Herzen!

Es geschah vor zwanzig Jahren.
Unsere Kinder Hans und Karen
waren klein und unverständig,
doch gesund und quicklebendig.

Zu dem hohen Fest, dem frommen,
wollten auch die Eltern kommen,
deshalb putzte ich und schwitzte,
bis die ganze Wohnung blitzte,
buk den Stollen, Marzipan,
schaffte Nüss' und Mandeln ran,
holte einen Tannenbaum,
schmückte ihn – und auch den Raum,
packte Päckchen und Pakete
für Papa und Mutter Grete...
ach! was hat man Lauferei,
daß das Fest besinnlich sei.

Heiligabend dann, am Morgen,
wollte Bert die Gans besorgen.
Bert, das ist mein lieber Mann
(wir sind uns sehr zugetan).
Er fuhr also über Land,
wo er eine Gans erstand.

Mittags kehrte er zurück.
«Hallo! Schatz! Ich hatte Glück»,
rief er, «Liebling, du wirst staunen!
Sieh nur! Eine Gans mit Daunen!»
und zeigte mir, ruck-zuck,
eine Gans im Federschmuck.

Ich erlaubte mir die Frage:
«Rupfen? Heut? Am Feiertage??»
«Mach doch *ich,* es ist nicht schwer,
Kinderspiel, gib sie nur her!»
Wenig später saß er schon
wohlgemut auf dem Balkon
und begann, die Gans zu ‹zupfen›
(er verstand nicht viel vom Rupfen).

Nach und nach und immer mehr
schwebt um ihn ein Daunenheer,
weiße Federwolken stoben
mal nach unten, mal nach oben.
Als die Nachbarn sich dann wehrten
und sich über uns beschwerten,
rupfte Bert im Bade weiter,
gar nicht mehr vergnügt und heiter.

Weil er ab und zu herauskam
und ein Schnäpschen für den Durst nahm,
sah es bald im ganzen Haus

wie auf dem Balkone aus.
Unsere Kinder jauchzten: «Tolle!
Vati spielt mit uns ‹Frau Holle›!»
und sie pusteten und sprangen,
griffen Federchen und sangen:
«Komm zu uns geschneit, Schneeflöckchen!
Komm zu uns ins Tal, Weißröckchen!»

Mit dem Staubsauger, dem guten,
mußte ich mich schließlich sputen,
um Familie und Sachen
daun- und federfrei zu machen.
Nur am Christbaum, an den Spitzen,
ließ ich alle Flöckchen sitzen.
Es sah aus wie zarter Schnee.
Trotzdem: (Gans mit Federn? Neee!!)

Übrigens: Als Oma kam
und von unserm Spaß vernahm,
meinte sie: «Du liebe Zeeit!
Maan bebriet eerst» (sie spricht breeit).

Ralf Rösberg

Weihnachten 1941

Ich war im Sommer 1941 acht Jahre alt und wurde von meinem Heimatort Hamburg nach Wien, wie man damals sagte, «verschickt». Durch diese Kinderlandverschickung sollte erreicht werden, daß die Kinder nicht die Bombenangriffe auf die Großstädte miterlebten.

Ich war also in der Nähe von Wien, in Franzendorf, bei Pflegeeltern untergebracht. Es gefiel mir prima, und ich hatte mich schnell an alle gewöhnt. Schön war, daß meine Pflegeeltern auch einen Bub hatten, der so alt war wie ich.

Der Sommer verlief wunderschön mit viel Freuden und Erlebnissen. Die paar Jungs, die in dem Dorf lebten, hielten alle zusammen und spielten immer gemeinsam. Schuhe kannte keiner im Sommer. Die Schule bestand aus einem Zimmer, in dem alle Klassen unterrichtet wurden. In meiner Klasse, der ersten, waren wir zwei Jungs. Nun sollte ich den ersten Winter mit viel Schnee erleben. Und er kam ja im November schon.

Wie oft hatte ich doch mit dem großen Pferdeschlitten in der Scheune geliebäugelt. Und als nun Schnee gefallen war, fragte ich meine Pflegeeltern, ob nicht mal die Pferde vor den Schlitten gespannt werden, um eine Ausfahrt zu machen. Leider hieß es, nur bei besonderen oder wichtigen Anlässen. – Weihnachten kam, Heiligabend war da. Meine Pflegeeltern waren im Laufe des Vormittags zu Nachbarn gegangen. Alle Jungs des Dorfes waren bei uns. Wir waren in der großen Küche und spielten und redeten über Heiligabend, den wir nicht erwarten konnten.

Da fiel einem ein, wir könnten ja mal das Indianerspiel machen. Ich, schließlich war ich fast der Kleinste, mußte mich auf einen Stuhl knien. Die Arme und der Oberkörper wurden mit einem Band an der Stuhllehne festgebunden. Alle tanzten sie jetzt mit Indianergeheul um den Stuhl herum. Plötzlich fiel der Stuhl um. Ich knallte mit dem Gesicht auf den Terrazzofußboden. Abfangen konnte ich mich nicht, denn die Arme waren ja mit festgebunden. Alle halfen mir sofort, aber ich hatte eine große Platzwunde über dem linken Auge, und das Blut floß in Strömen.

Alle rannten wir zu den Pflegeeltern bei den Nachbarn. Die fingen erst an zu lachen, weil sie meinten, ich hätte mein Gesicht voll Marmelade geschmiert.

Als sie aber den Ernst der Lage erkannten, rannten sie mit mir zum Haus zurück. Mein Pflegevater holte die Pferde aus dem Stall und: Mein Wunsch ging in Erfüllung – der Schlitten wurde aus der Scheune herausgeholt. Ich hatte viele Schmerzen, aber trotzdem saß ich beglückt unter der dicken Schlittendecke. Im Krankenhaus im Nachbarort wurde die Wunde genäht. Stolz, wie ein kleiner Bub nun mal sein kann, schließlich war ich auch beim Nähen der Wunde sehr tapfer, stieg ich dann wieder in den Schlitten, und die Fahrt ging heimwärts.

Das Resultat: In meinem Personalausweis steht noch heute: Narbe über dem linken Auge.

Andree Meyer
Peer und Petra

Als Busfahrer sieht man täglich andere Menschen. Aber einige, wenige, merkt man sich und vergißt besondere Begebenheiten nicht.

Kurz vor Weihnachten wurde ich für eine andere Strecke eingeteilt. Von Wandsbek-Markt bis nach Barsbüttel. Hier stieg morgens an der Haltestelle Jenfelder Allee eine reizende Krankenschwester ein, und gleich hinter ihr sprang ein junger Mann in meinen Bus. Ein gepflegter Junge, wahrscheinlich ein Student. Wie ich im Spiegel feststellte, setzte er sich der netten Schwester gegenüber.

Ich werde ihn Peer und sie Petra nennen, da ich ihre wirklichen Namen nie erfuhr.

Petra stieg beim Allgemeinen Krankenhaus Wandsbek aus. Peer fuhr bis zur Endstation mit. Als das junge Mädchen ausstieg, sah er auf seine Armbanduhr und schien sich in Gedanken die Zeit zu notieren.

Mein Dienst ließ mich diesen Vorfall vergessen. Aber am nächsten Morgen standen Peer und Petra wieder an der gleichen Haltestelle nebeneinander. Peer half Petra galant beim Zuklappen des widerspenstigen Regenschirms, wofür Petra sich jedoch recht brüsk bedankte. Mutig suchte er sich wieder in ihrer Nähe einen Platz.

So ging es jetzt Tag für Tag. An einem Morgen flirtete Petra mit dem Unbekannten, am nächsten Tag war sie unnahbar und kühl. Ich beobachtete die jungen Menschen. Peer hätte längst seine Hemmungen überwunden, wenn Petra nicht so schwankend gewesen wäre. Ja, dann kam der Morgen, an dem Petra im Bus die Umhängetasche runterfiel und sie gemeinsam mit Peer die Utensilien aufsammelte. Kurz vor der Haltestelle zum Krankenhaus hatten sie anscheinend alles beisammen.

Petra nickte ihrem eifrigen Helfer kühl zu. Mit einem Kopfnicken und den Worten: «Danke für Ihre Hilfe», war sie schnell verschwunden.

Beim Anfahren schaute ich noch mal in meinen Innenspiegel und sah, daß Peer einen Personalausweise vom Boden aufhob. Ich rief nach hinten: «Den geben Sie der Krankenschwester morgen früh und dann nicht so schüchtern, junger Mann!»

Verlegen meinte er: «Ja, das werde ich tun.»

Die Mitfahrenden lächelten, denn einige kannten das Paar auch schon. Der folgende Tag brachte die Erklärung und den Beginn einer Freundschaft.

Peer stieg ein. Petra kam angerannt. Sie setzten sich beide nebeneinander. Peer überreichte ihr den Ausweis mit der Bemerkung: «Hier Ihr Ausweis. Ich hab ihn gestern noch unter einem Sitz gefunden.»

Ich spitzte die Ohren, um ja die Antwort nicht zu verpassen. «Oh, danke. Der gehört meiner Zwillingsschwester Susanne. Sie erzählte mir gestern aufgeregt, daß sie den Personalausweis verloren hätte, und ihr Freund macht ihr Vorwürfe deswegen.»

Petra guckte Peer sehr lieb an und meinte verschmitzt:

«Meine Schwester und ich machen im Wechsel alle zwei Tage Dienst, müssen Sie wissen.»

Das war also die Lösung! Zwillingsschwestern und beide im gleichen Krankenhaus! Da gab es bestimmt oft ein fröhliches Raten.

Nun wurde es aber Zeit, daß ich abfuhr.

Wenn ich einen Blick in den Rückspiegel warf, sah ich, daß Peer und Petra jetzt eng zusammensaßen und sich lebhaft unterhielten.

Die Haltestelle beim Krankenhaus rief ich besonders laut aus. Meine jungen Freunde fuhren hoch und... stiegen beide aus. Hand in Hand gingen sie davon.

«Frohe Weihnachten», wünschte ich in Gedanken, denn morgen war Heiligabend.

Helmut Steinert

Ein Wintermärchen

Es gibt Sachen, die gibt es schon lange nicht mehr. Manchmal erscheint es uns wie ein Märchen. Diese Geschichte ist eine Kindheitserinnerung und geschah einst in Jauer in Schlesien. Jauer ist eine Kreisstadt mit etwa zwanzigtausend Einwohnern. Diese schöne, alte Stadt liegt am Fuß der Vorberge des Riesengebirges an der Wütenden Neiße, inmitten von Wiesen und Feldern, umkränzt von Höhenzügen und überragt von grauen Türmen, den Zeugen längst vergangener Zeiten.

Großvater hatte in Moisdorf ein kleines Landhaus erworben. Unsere Familie hielt sich des öfteren im Jahr hier auf. Der besondere Reiz für uns Kinder war der an das Grundstück grenzende Hochwald mit einem Wasserfall, an dem wir besonders gern spielten.

Es war Heiligabend; in der Nacht zuvor war Schnee gefallen, dann hatte es gefroren. Nach dem gemeinsamen Frühstück zog Mutter uns Kinder wärmer an als sonst: die bunten Pudelmützen, dazu die passenden Wollschals und dicke Fäustlinge, alles aus eigener Fertigung.

Heute sollte es für uns Kinder eine große Überraschung geben. Der Vater hatte einen Pferdeschlitten zur Ausfahrt bestellt. Mutter war gerade mit dem Anziehen fertig, als vor unserem Haus Schellengeläut ertönte. Wir stürzten ans Fenster und drückten unsere Nasen an die mit Eisblumen überzogenen Scheiben. Um richtig sehen zu können, mußten wir erst einmal kräftig gegen das Fensterglas hauchen. Langsam konnten wir das Grau durchschauen. Da sahen wir die Pferdeschlitten. Der erste Schlitten mit den Rappen, sollte uns zu einer Schlittenfahrt aufnehmen. Als Vater uns aufforderte, nach draußen zu gehen und einzusteigen, war unsere Freude unbeschreiblich.

Mutter packte uns in Fellsäcke, in denen noch Wärmflaschen eingelegt waren. Dann ging die Post ab! Der Schlitten glitt sanft bergan, wir fuhren in Richtung Poischwitz, über Scheerberg nach Jakobsdorf, Tillebrunn mit Ziel Moisdorf. Unterwegs sahen wir eine verzauberte Landschaft. Dunkel schimmernde Tannenbäume, Hütten, die mit ihren Fensterrahmen und weißen Häubchen den Pfefferkuchen ähnlich schienen oder wie die Herzchenhäuschen in unsern Märchenbüchern aussahen. Die Felder waren mit glitzerndem Weiß überzogen. Meine Schwester rief aus: «Wie Engelshaar, wie das Haar von den Weihnachtsengeln!»

Gegen Mittag erreichten wir Moisdorf. Es gab die «Jauerschen Würstel» mit Sauerkraut als Mittagsmahl. Dann machten wir einen Spaziergang in den Hochwald. Der Futterplatz für das Wild war reichlich mit Heu und Körnerfutter versehen. Viele verschiedene Tiere mußten bereits hier gewesen sein. An den Spuren im Schnee versuchten wir die Wildart zu enträtseln. Nach unserer Spurenauswertung mußten Rehe,

Hasen und Rebhühner hier gespeist haben. Manchmal glaubten wir sie in unserer Nähe und meinten, gleich müßte ein Reh hinter dem nächsten Baum hervortreten. Wir Kinder legten noch einige der mitgebrachten Wurzeln und ein paar Heubüschel in die Futterraufe. Für die Rebhühner und Fasanen streuten wir Maiskörner aus. Mit einem Weihnachtsgruß an die Tiere des Waldes stapften wir weiter. Bis zum Futterplatz war der Weg noch ausgetreten, nun mußten die Großen erst einen Weg bahnen. So kamen wir nach einigen Mühen zum Wasserfall. Das langsam fließende Wasser war zu bizarren Eiszapfen gefroren. Mit den verschieden großen Eiszapfen sah der Wasserfall wie eine Kirchenorgel aus. Durch die Betrachtung des Wasserfalles und beim Hören des leise rinnenden und tropfenden Wassers wurde die Phantasie beflügelt, und wir glaubten eine leise Musik zu hören.

Nun war es langsam Zeit für eine Tasse Kaffee geworden. So stapften wir auf dem von uns gebahnten Weg zum Futterplatz zurück und von dort weiter zum Haus. «Jauerscher Bienenkorb», ein pikantes Makronengebäck, und heiße Milch wurden von uns Kindern mit Heißhunger verzehrt.

Viel zu schnell war die Zeit vergangen, und wir verabschiedeten uns von den Hausbetreuern, um wieder in unsern Pferdeschlitten zu steigen. Wieder wurden wir mollig warm eingepackt, und die Fahrt begann. Begleitet vom Schellengeläut und dem Schnauben der Pferde, manchmal hörten wir das Knirschen der Schlittenkufen im Schnee, fuhren wir auf direktem Weg zügig bergab.

Der Ring, unser rechteckiger Rathausplatz mit den hohen und breiten Hauslauben, grüßte uns in der abendlichen Dunkelheit mit vielen Lichtern. Der große Tannenbaum und der angestrahlte Rathausturm zogen unseren Blick wie magisch an. Viel zu schnell waren wir in der Barbarastraße, bei uns zu Hause, angekommen.

Unter all den schönen Eindrücken der Schlittenfahrt und des Spazierganges hatten wir die eigene Bescherung fast vergessen. Jetzt beim Abendessen, es gab Weißwurst und Klöße, stellte sich die Ungeduld und Spannung wieder ein.

Als wir dann mit den Eltern und Großeltern singend um den Weihnachtsbaum standen und unsere handgefertigten Geschenke auspackten, gingen unsere Gedanken immer wieder zum Nachmittagserlebnis zurück. Manchmal klangen in unseren Liedern die gefrorenen Eisorgelpfeifen des Wasserfalles mit. Es war wie ein Wintermärchen.

Andreas Haarmann
Mein unvergessenes Weihnachtserlebnis

Wenn meine Eltern mich auch lehrten: geben sei seliger denn nehmen, habe ich mich immer von Herzen gern beschenken lassen – wobei ich natürlich auch Geschenke machte.

Im letzten Jahr zu Weihnachten, ich war sechzehn Jahre alt, machte ich eine für mich fast für unmöglich gehaltene Erfahrung. Dazu muß ich etwa zwei Jahre zurückgreifen, um mein Verhalten zu dieser Weihnacht besser erklären zu können.

Damals, ich war vierzehn Jahre alt, ein Alter, in dem man mit Gott und der Welt, mit Eltern, Lehrern und Geschwistern hadert, wo man sich so richtig unverstanden fühlte, lernte ich in unserem Ort einen Frühinvaliden kennen, der ohne Familie in einem ausgebauten Stall wohnt, so richtig noch mit Kohleofen und Herzhäuschen auf dem Hof, aber mit unendlich viel Zeit, Geduld und Verständnis für mich. Ich war fast jeden Tag bei ihm, fühlte mich wohl, geborgen und vor allem verstanden. All meine Probleme hörte er sich an und hatte viel Verständnis für mich; ich merkte damals nicht einmal, daß er mit den gleichen Antworten, wie auch meine Eltern sie mir gaben, auf meine sogenannte Unverstandenheit einging.

Er war einfach nur gelassener als Eltern es vielleicht jemals sein können. – Kurzum, er war mein Freund, der mir mit Zuhören half, bis der Tag kam, an dem ich ihn nicht mehr brauchte, ihn aber nicht im Stich ließ, nur meine Besuche wurden etwas seltener, ich war ja auch sechzehn Jahre mittlerweile, und die Welt hatte sich mir oder ich mich ihr angepaßt.

Nun stand Weihnachten 1987 vor der Tür. Meine Mutter erinnerte mich beim Päckchenpacken und Schmücken an meinen einsamen Freund und wollte ihn über einen Festtag zu uns nach Hause einladen. Ich aber wußte, daß er eine solche Einladung nicht annehmen würde, er würde sich eher beschämt fühlen, und damit hatte ich recht. Meine Eltern ließen mir keine Ruhe, ihm wenigstens ein kleines Geschenk zu machen, ihm zu zeigen, daß ich an ihn denke, daß ich ihn nicht vergessen habe, er war ja auch einmal für mich da. Nach anfänglichem Sträuben meinerseits entschloß ich mich zu einem sehr banalen Geschenk, nämlich einer Flasche Rum, wußte aber, daß ich ihm damit eine Freude bereiten würde; es sollte ja auch nur eine Geste sein, die ausdrückt: Du, ich habe Dich nicht vergessen.

Ich radelte Heiligabend am frühen Nachmittag mit meiner weihnachtlich verpackten Flasche zu ihm. Zögernd öffnete er mir die Tür – er war auf Besuch an solch einem Tag, wo nur die Familien traut zusammensaßen, nicht gefaßt –, und ich drückte ihm mit ein paar netten Worten, die man so sagt, wenn Weihnachten ist, mein Geschenk in die Hand. Ich hatte nicht geahnt, welche Gefühle dieses einfache Geschenk bei ihm auslöste. Voller Ergriffenheit tat er etwas, was mich zuerst in tiefes Erstaunen versetzte: Aufgeregt, mit Tränen in den Augen, griff er in seine abgewetzten Cordhosentaschen, zauberte ein altes Feuerzeug und einen Kugelschreiber hervor und bestand darauf, dieses als Gegengeschenk anzunehmen. Er freute sich wie ein kleines Kind, nur still, und ich spürte seine Rührung... es hatte jemand an ihn gedacht, da kam es auf den Wert des Geschenkes nicht an, das wurde mir plötzlich bewußt, und bewußt wurde mir auch plötzlich seine Geste, mir etwas zu schenken... er wollte seine Freude, die ich ihm machte, mit einer einfachen Gegenfreude erwidern.

Auf dem Nachhauseweg hatte ich ein merkwürdig stilles und doch frohes Gefühl in mir, nur war ich nicht mehr aufgeregt, wenn ich an die bevorstehende Bescherung zu Hause dachte, an meinen Weltempfänger, den ich mir so heiß wünschte, ich war zutiefst nachdenklich und dennoch glücklich. Auch als die Tannenbaumlichter brannten, Weihnachtslieder erklangen, war in mir nicht die brennende Neugier auf die noch unausgepackten Geschenke unterm Tannenbaum... ständig mußte ich an meinen Freund, an seine Ergriffenheit denken, und mir wurde plötzlich sehr klar, daß Geben wirklich glücklicher machen kann als Nehmen.

Hans-Jürgen Forster

Traditschoon

Wat eenen is, de wat op Traditschoon höllt, de deit sik swoor bi jeeden Vörslog, sik doch mol ümtostellen un aftoloten vun sien ollen Gewohnheiten, un he seggt denn woll: «Dat hefft wi noch nie nich anners mokt, dat is ümmer so wesen, wat güstern noch good weer, dat mutt hüüttodoogs nich leeg sien.»

Hinnerk Alm is Beamter, un Spröök vun disse Oort gohn em slank un ohn Stomern öber de Tung.

Nich, dat he sowat vun knökerig is, dat he all dat, wat sik so'n beten wiederentwickelt, as neemoodschen Kroom afdeit un für den all en neeget Kalennerblatt meist en Revulutschoon bedüüden deit.

Nee, he höllt sik egenlich för'n «progressiven» Beamten – wenn't sowat öberhaupt gifft.

Man *een* Sook gifft dat, dor höllt he dat stief un fast mit de Traditschoon. Dor ward nix, ober ok rein gor nix ännert. Dat is Wiehnachten.

All mit'n Eten fangt dat an: Siet öber twintig Johrn gifft dat bi Hinnerk an'n veeruntwintigsten Dezember Wüstchen un Kantüffelsaloot to'n Meddog.

Vörslääg, statts Kantüffelsaloot dat doch ok mol mit Vullkoornbroot un Botter to verseuken, harr Hinnerk all 'n poormol mit sien Sparrminorität afsmettert.

Letzt Johr harr sien Fro vergeten, Wüstchen intokeupen un as Ersatz Krabbensaloot mit Toast op'n Disch brocht.

Noch dree Stünnen loer in de Kark weer Hinnerk sowat vun verbiestert un frustriert, dat he Visioonen kreeg. In sien Wohn heur he, wo de Paster vertell, dat de hilligen dree Könnigen den lütten Jesuskind Bockwust, Kantüffelsaloot un middelscharpen Semp ut'n Moorgenland mitbrocht harrn. Un as de Paster de Bibel opsloog, dor weer sien Leesteken 'n Wüstchen.

Vun den Dog an steihn bi Hinnerk all in'n Juli fief Büssen mit Bockwurst in'n Keller, dat sik so'n Katastroph nich wedderholt.

De mehrst Traditschoon ober hett bi Hinnerk de Dannenboom.

To'n Smücken brukt Hinnerk so üm un bi fief Stünnen, un keenen dörf em dorbi hölpen.

Christboomkugeln, Kersenholler, Lametta, Steerns un Klocken un de veelen seuten Kringels warrn sowat vun akkroot un liekermoten op de Twiegen verdeelt, dat de Boom, wenn't sien mutt, ok ohn Dannenboomfoot de Balanse hollen kann.

Hinnerk sien Dannenboom is twee Meter fief hooch und veertig Zentimeters öbern Footbodden een Meter fienunfofftig breet. Twee Meter fief, dat is de Hööcht tüschen de mit'n witten Dook afdeckte Appelsienkist un de Timmerdeck, un een Meter fiefunfofftig de Breet tüschen den Feernseher un den lütten Schapp. Is de Boom smooler, denn is he Hinnerk to spillerig. Is he breeder, hett Hinnerk op de een Siet veertiehn Doog lang 'n Dannenboomtwieg vör de Mattschiev, un op de anner Siet geiht de Schappdöör nich mehr op.

To'n Dannenboom-Koop mutt Hinnerk sik ümmer 'n Doog Urlaub nehmen. Ünner soß, söben Stünnen loppt bi em dorbi gor nix.

In'n Ümkries vun teihn Kilometers gifft dat heuchstens een oder twee Bööm, de Gnood vor sien Oogen finnen, un de gilt dat, egol, wo lang dat duert, utfinnig to moken.

Wat Dannenbööm angeiht, dor is Hinnerk sowat vun krüüsch, dat is nich uttohollen:

Hier steiht 'n Twieg to scheep no links, dor is een, de to wiet no ünnen wussen is, dor, rechts an'n Foot sünd dree brunne Nodels, de Spitz hett'n lütten Slog no de Siet, an de een Stell sünd de Twiegen to dicht tosomenwussen, un dor op de anner Siet is'n Lock. Wo schall he dor – bidd scheun – 'n Kugel ophangen? Mol paßt de Farv vun de Nodels nich to Hinnerk sien Teppich, mol nich to den Betoog vun sien Sitt-Goornituur. – As Hinnerk eenmol 'n Verkeuper no 'n Woderwoog oder 'n Senkblee froog, wiel em dat an den een Boom so utseeg, as mook de Stamm so'n lütten Bogen, dor harr de Minsch sien Dobermann ropen.

Wenn Hinnerk denn doch toletzt 'n Boom funnen hett, de em toseggt, denn fangt he an, öber den Pries to quesen, un toletzt sünd de Hökers vun sien Wrögelee tomehrst sowat vun fix un fardig mit de Nerven, dat se sik op jeeden Pries rünnerhannein loten, wenn Hinnerk bloot so gau as meuglich wedder verswinnen deit. Hinnerk is dat all puttegool, Hauptsook, he hett'n Boom ut'n Billerbook. De hett bi em Traditschoon.

Man eenmol is dat mit Hinnerk un sien Danneboom-Koop 'n beten anners aflopen:

Hinnerk keem vun de Wiehnachtsfier in sien Amt un harr woll 'n poor Sluck toveel hatt.

Üm fief vör soß obends keem he mit dottig Grood Slogsiet an so'n lütten Dannenboomstand vörbi, un dor harr he op eenmol de Idee, wenn he denn nu all mol hier is, 'n Dannenboom mittonehmen. Op de Oort kreeg he glieks wat to'n Fasthollen op sien Wech no Huus. Dat weer all pottendüster un de Verkeuper wull jüst dichtmoken. Keen dree Minuten duur dat, dor harr Hinnerk sien Boom. Seker, he weer 'n beten swoor, man wenn Hinnerk em as 'n Roderpinn achter sik hertrecken dä, denn bleef he good op'n Kurs.

As Hinnerk sik an'n annern Doog den Boom bi Licht bekieken dä, dor worr em spieöbel. He harr gor nich wußt, dat Frankensteen ok Dannenboom-Tüchter wesen weer.

Hinnerk kunn un kunn dat nich begriepen, wo dat meuglich weer, dat he sik disse Nootslachtung harr andreihn loten, un as he dat Priesschild finnen dä, dor keemen em meist de Tronen.

Fiefunsoßtig Mark harr he för de Mißgeboort betohlt!

Hinnerk smeet sik dat Dings op sien Wogendach un schees to den Stand, wo he meen, dat de den Boom dor köfft harr.

Toeerst weer de Höker ok ganz fründlich un grien, as Hinnerk em trüchgeben oder tuuschen wull, man as Hinnerk em ümmer wedder mit de Dannenboomspitz ünner de Nees rumfuchtel, dor warr he füünsch un blaff Hinnerk an, dat he hier keen Gebrukt-Dannenboomhannel bedreef. Villicht, so meen he, harr Hinnerk sien Dann jo all mol to Proov ansungen. Un so een benutzten Boom trüchkopen? – Haha, he doch nich! As Hinnerk toletzt verseuk, den Boom so ganz unopfallig vörn an'n Ingang stohntoloten un sik ut'n Stoff to moken, dor bölk em de Keerl no, he schall den Bastard op de Steed wedder mitnehmen. De verdreev em sunst de Kunnen. –

Wedder tohuus, reep Hinnerk den Fomilienroot tosomen un verkünn, dat an dissen Wiehnachten de Traditschoon butenvörbleev. An dissen Hilligen Obend geev dat bloot veer Kersen antosteken – de veer op'n Aventskranz. Dat elennige Dings, de Stackel dor, de den Nomen Wiehnachtsboom nich verdeenen dä, keem em nich in de Stuuv. –

An'n freuhen Morgen vun den Hilligen Obend heur Hinnerk sien Fro op de Balkon, Pultern un Sogen un dat Hulen vun Hinnerk sien Bohrmaschin. As se ut'n Finster keek, doch se, ehr Mann harr dördreiht un dat weer bi em boben dörenannerlopen:

Dor stunn de Dannenboom, dat heet, dat wat noch vun em öbrig weer, in'n Stänner, meist kohl as 'n Teppichstang. He harr bloot noch de Spitz un dree Twiegen an sien Stamm. All de anner harr Hinnerk afsogt man dorför öberall so üm un bi fiefuntwintig Löcker in dat Holz bohrt. Hinnerk weer jüst dorbi, de afsogten Twiegen mit'n Meß antospitzen un se denn in de Löker intosetten.

Twee Stünnen loter harr Hinnerk 'n lütt Wunner fardigbrocht. He harr ut den kröpeligen Bessen den scheunsten Christboom tosomenpusselt, de jichens in de Stuuv stunne harr. Dat Smuckstück weer op'n Zentimeter zwee Meter fief hoog un eenfiefunfofftig breed un sowat vun evenmätig, dat he woll sülfst ünner Bröder nich ünner negentig Mark to hanneln weer. –

Süh, un nu segg noch mol een, Beamten weern nich wennig un kreativ. Wenn't üm Bewohren un um Traditschoon geiht, denn sünd se dat doch!

Ulla Matthäi

Wie jeder Tag?

Das gleichmäßige behäbige Ticken der Uhr durchdrang den Raum. Tick, tack, tick, tack. Lene war eingeschlafen in ihrem Ohrensessel, was selten vorkam bei der 81jährigen. Es war für Lene ein Tag gewesen wie jeder andere Tag. Voller Arbeit, denn Lene konnte nicht ruhen, sie war es nicht anders gewohnt. Sechs Uhr aufstehen – ob Sommer oder Winter. Die Tiere versorgen, ohne die sie nicht leben konnte. Ohne ihre Tiere wäre jeder Tag nichts wert gewesen. Genau wie heute.

Jetzt saßen die Hühner auf ihrem Wiemen, die Enten hatten sich im Stroh zusammengekauert, Lene schlief in ihrem Sessel mit dem guten Gefühl, daß alle satt sind.

Tick, tack, ein einschläfernder beruhigender Klang. Lene schreckte hoch. 22mal das Schlagen der Uhr. 22mal. Im Moment hatte sie es schwer, sich im Halbdunkel zurechtzufinden. Fröstelnd zog Lene ihre Schultern hoch, rieb ihre Finger und betrachtete die Risse und Furchen, die die Jahre auf ihren Händen hinterlassen hatten. Wäsche waschen, Schuhe putzen, das Essen kochen. Manchmal war es nicht leicht, sieben Personen satt zu bekommen. Die Kinder baden, fünf Kinder, alle etwas kränklich, und immer hatten sie Hunger oder Durst. Aber Lene hatte sie alle fünf durchbekommen.

Wie oft hatte sie mit ihnen gelitten, die kleinen Ängste und Sorgen weggepustet. Heile, heile Gänschen... Die zwei Mädchen sind verheiratet, haben auch schon wieder Kinder. Die drei Buben studierten. Lene freut sich, daß die fünf Rangen so wohl geraten sind. Es hatte sie viel Mühe und Arbeit gekostet.

Nur, es sind nicht ihre Kinder. Wie oft hatte sie mit ihnen gebangt, schlechte Schulnoten ausgeglichen, sie in die Arme genommen, mit ihnen ihren ersten Liebeskummer überwunden. Es waren ihre Kinder, nur es waren nicht ihre eigenen. Für fremde Leute hatte sie sich abgerackert, wollte allen gerecht sein. Man hatte sie immer akzeptiert, aufgenommen, aber eine eigene Familie hatte Lene nie. Sie war nie schön, apart ja, und die Männer, die sich um sie bemüht hatten, waren für Lene nie interessant. Sie blieb «ihrer» Familie treu. 81 Jahre, eine schwere doch schöne Zeit, dachte Lene und erhob sich schwerfällig. Wem kann ich noch etwas geben, wer braucht mich noch?

Sie ging zum Fenster blickte in den klaren Winterhimmel und fing an, die Sterne zu zählen:

«Der große Stern steht für meine Kindheit. Der Stern, der so blinkt für meine Jugend und die vielen kleinen für die guten und schlechten Jahre.»

Lene legte ein Stück Holz in den Ofen. Warum dieser Luxus an diesem Tag? Sie wußte es selbst nicht. Es war nur so das Gefühl.

Weinte da nicht ein Kind? Lene zuckte zusammen. 81 Jahre – waren es die Sinne? Sie lauschte in die Stille. Ein leises Wimmern. Täuschte sie sich? Es war wieder still. Doch wieder dieser Klageruf. Es kam von der Haustür. Etwas zögernd öffnete sie die Tür. Eine einsame weiße Weite, sonst nichts! Nur wieder das Wimmern. Vor ihren Füßen saß ein kleines hilfloses Wesen, fast so weiß wie der Schnee. Ein schwarzes Ohr und eine schwarze Pfote hatte das Kätzchen. Es war höchstens zehn Wochen alt. Unterkühlt und naß. ‹Nein!› dachte Lene. ‹Noch ein Kind, das schaffe ich nicht, ich bin zu alt, zu alt. Zu alt? Jedes Wesen muß für sich alleine kämpfen. Ich mußte es auch! Dann sah sie in die Augen der kleinen hilflosen Kreatur, Hoffnung, Wünsche, Dankbarkeit? Lene nahm den Winzling auf, gab ihm von ihrer Wärme, ihrer Liebe. Sie setzte sich wieder in ihren Ohrensessel, die kleine Katze räkelte sich schnurrend, Wärme suchend auf ihrem Schoß.

Tick, tack – behäbig tickte die Uhr. Sie waren fast eins, die alte Frau und der Winzling.

23mal schlug jetzt die Uhr und aus der Ferne hörte Lene Glocken. Warum? Warum so festlich? Es war für sie ein Tag wie jeder andere. Daß heute die heilige Nacht war, sie hatte es vergessen. Keiner hatte sie erinnert. Nur das Gefühl, dieses Gefühl, das schon die ganze Zeit in ihr war.

Unbewußt hatte Lene das gemacht, was das christliche Weihnachtsfest sein sollte.

Sie hatte einem hilflosen Wesen Obdach gegeben. All ihre Liebe und Wärme. Lene hatte das Weihnachtsfest vergessen, doch unbewußt das vollzogen, was von vielen vergessen wurde und wird, die christliche Botschaft:

«Liebe deinen Nächsten und sei es nur ein kleines hilfloses Kätzchen...»

Eva Lehr

Weihnachtsmärchen oder Mettwurstbrot

Winter 1932! In Deutschland lebten sehr viele Menschen in tiefster Not. Die Arbeitslosigkeit hatte ihren Höhepunkt erreicht.

Mein Elternhaus blieb nicht verschont, mein Vater war schon seit fünf Jahren ohne Arbeit. Das bedeutete Hunger, Kälte, Hoffnungslosigkeit.

Ich war fast fünf Jahre alt und erlebte dank der selbstlosen Fürsorge meiner geliebten Eltern eine sorglose, glückliche Kindheit. Aber ich spürte damals immer wieder, besonders bei meiner Mutter, eine unendliche Traurigkeit. Ich wünschte mir dann nichts weiter als ein kleines, glückliches Lächeln. Ich wußte aber auch, wie ich es hervorzaubern konnte, es klappte nämlich immer: Ich kroch zu ihr auf den Schoß, kuschelte mich wohlig an, und schon huschte dieses von mir so sehr ersehnte Lächeln über ihr Gesicht. Das waren dann – so klein wie ich war – für mich die glücklichsten Augenblicke.

Kinderherzen haben kleine Wünsche, und die hatte ich natürlich auch. Diese waren damals in dem Winter sehr zeitbezogen, denn ich wünschte mir, in ein Weihnachtsmärchen gehen zu dürfen. In der «FLORA» gab es, wenn ich mich noch recht erinnere, «Frau Holle».

Die Erfüllung dieses Wunsches kostete aber Geld, und Weihnachten war im Etat schon «verplant», denn es sollte Heiligabend neben dem Tannenbaum selbstgebackene Kekse geben, und für den Abend wurde mir Mettwurstbrot mit guter Butter und Kakao versprochen. Eine Köstlichkeit war das für mich, denn Mettwurst war damals, als es viel Margarinebrot mit Zucker oder selbstgemachtes Schmalz gab, ein Traum. Ich durfte mir also aussuchen: Entweder Weihnachtsmärchen oder Mettwurstbrot. Ich habe mir die Entscheidung wirklich nicht leicht gemacht, denn in meinem kleinen Kopf fing es tüchtig an zu arbeiten. Ich entschied mich dann aber doch für das Weihnachtsmärchen.

Also machten meine Mutter und ich uns an einem sehr kalten Wintertag auf, in die «FLORA» zu gehen. Der Weg ging von unserer Wohnung am Mittelweg in Richtung Sternschanze, natürlich zu Fuß, denn für das Fahrgeld reichte es nicht mehr.

Als wir dann die «FLORA» erreichten, durchgefroren, aber glücklich, vergaß ich Mettwurstbrot, Butter und Kakao, den langen Weg, die Kälte, eigentlich alles um mich herum, und ich versank glückselig in meiner Märchenwelt.

Natürlich ging der Weg dann wieder zu Fuß zurück, und die kleinen Beine wurden immer schwerer.

Am Mittelweg sahen wir die erleuchteten Fenster unserer Wohnung, denn mein Vater war zu Hause geblieben. Diese Fenster versprachen Wärme und Geborgenheit.

Wir klingelten, Vater machte die Tür auf, zog mich in die Küche, da stand ich dann vor einem gedeckten Abendbrottisch und konnte vor lauter Staunen kein einziges Wort herausbekommen. Auf dem Tisch waren fertig belegte Mettwurstbrote, und dazu dampfte der Kakao im Topf. Das alles geschah acht Tage vor Weihnachten!

Meine Eltern sahen mir beim Essen zu, und beide lächelten sehr, sehr glücklich.

Heute, fast sechzig Jahre danach, frage ich mich, kann eine Kindheitserinnerung überhaupt noch schöner sein?

Heinrich Cordes
Heinrich oder Heini

Also das war so: Eigentlich hieß er ja Heinrich – aber alle sagten nur Heini. Besonders laut konnte seine Mama Heini rufen. Wenn er zum Beispiel schnell raufkommen sollte, denn meistens war er nämlich draußen auf der Straße, es konnte aber auch sein, daß er gerade in der Prärie oder im Urwald schwere Kämpfe zu überstehen hatte. Da konnte es schon mal passieren, daß Heini das lange Heini-i-i-i seiner Mutter nicht hören konnte. Wenn im Wassergraben die Seeräuber zurückgeschlagen werden mußten, konnte man doch nicht die Schlacht einfach abbrechen.

Heini war siebeneinhalb Jahre und immerhin Hauptmann einer Bande – das war natürlich alles geheim, denn ein Geheimbund waren er und Jens außerdem noch. Nur Mama, Papa, Opa und Oma sowie seine kleine Schwester wußten von dem Geheimbund. Seine Schwester hat es sowieso nur ihren besten Freundinnen verraten – das waren so drei oder vier – aber wer hat schon einen Bruder, der Hauptmann von einer Bande und einem Geheimbund ist. Alle haben auch versprochen, es nicht weiterzusagen, weil es ja sonst nicht mehr geheim wäre.

Hauptmann ist Heini nur geworden, weil er schon zur Schule geht – Jens kommt erst nächstes Jahr hin. Heini war der einzige, der Autonummern aufschreiben konnte und außerdem hatte er einen Sheriffstern aus Blech. Den hatte schon sein Papa früher gehabt. Sein Vater war nämlich auch mal Hauptmann gewesen. Jetzt, kurz vor Weihnachten, hatte der Geheimbund natürlich viel zu tun. Da mußten Leute unauffällig verfolgt werden, z. B. Frau Becker, die wohnte im gleichen Haus wie Heini, und heute kam sie mit einem großen Tannenbaum die Straße entlang. Frau Becker ging direkt in ihre Wohnung mit dem Baum. Heini hat sofort die Hausnummer in sein Heft geschrieben – vorne auf dem Heft stand ganz groß: Geheim. Viele Autonummern standen da schon drin und auch noch der Satz: Frau Schlünzen ist doof. Frau Schlünzen war nämlich seine Lehrerin, und die hatte einen Tag vor den Weihnachtsferien gesagt, heute singen wir alle ein lustiges Lied, und dann haben alle geübt, und dann haben alle gesungen: Heini, Heini, ach ist Heini dumm, stippt mit beiden Fingerchen im Tintenfaß herum. Aber – ha ha – Heini hat nicht mitgesungen, erst einmal hatte er gar kein Tintenfaß, und dumm war er auch nicht, und überhaupt, als die Schule aus war, hat er alles seiner Mutter erzählt – so. Seine Mutter hat dann gesagt – daß er gar nicht Heini heißt, sondern in Wirklichkeit Heinrich und die Lehrerin ihn bestimmt nicht gemeint habe. Aber das war egal, außerdem hatte er ja schon in sein Geheimbuch eingetragen, daß Frau Schlünzen doof ist. Heini hat geheult und ganz vergessen, daß er Hauptmann war, und er wollte auch nicht mehr Heinrich heißen. – Aber Papa heißt doch auch Heinrich und Opa – sogar der Vater von Opa hieß Heinrich, sagte die Mama.

Von Opa den Vater kenne ich gar nicht – da war'n wir noch nie, heulte Heini weiter. Die Mutter lachte und drückte ihren kleinen Hauptmann an sich. Auf einmal war es auch gar nicht mehr so schlimm, wenn sie ach mein kleiner Heini sagte.

Am nächsten Tag war alles vergessen – es war Heiligabend

und das mit dem Weihnachtsmann war Heini, obwohl er schon zur Schule ging, auch wieder unklar geworden, und dunkel wollte es heute überhaupt nicht werden. Vom Geheimbund war auch keiner da – Jens hatte Grippe und durfte nicht raus. Dann – endlich – noch nie hatte er seine Mutter so schön laut Heini-i-i-i rufen hören – der Weihnachtsmann ist da.

Die Ritterrüstung, die er sich immer gewünscht hatte – da lag sie nun. Papa und Mama sagten, so eine Rüstung hat früher auch der edle Ritter Heinrich Löwenherz getragen – und auf einmal freute sich Heini – denn in Wirklichkeit hieß er ja auch Heinrich. Daß der edle Ritter von früher eigentlich Richard hieß, merkte Heini erst viele Jahre später.

Auf jeden Fall wollte er jetzt nur noch Heinrich heißen oder – wie alle sagten – Heini.

Papa – ich blickte auf – die Geschichte ist zu Ende, Stefan – Papa, warum heiße ich nicht auch Heinrich, wie du? Ja – warum eigentlich – also früher gab's mal den heiligen Stephan – aber Papa, ich bin doch Hauptmann einer Räuberbande – ja – dann frag lieber Mama noch mal. Mütter können alles so schön erklären, du wirst es verstehen, genauso wie dein Papa, als er klein war.

Hanna Gengnagel

Weihnachtserlebnis eines Frosches

Einen seelenvolleren Frosch als «Himbeer» hat es wohl nie gegeben. Er war vielleicht so etwas wie ein Heiliger unter den Laubfröschen, seinem grundsoliden Lebenswandel und vor allem seinem merkwürdigen Ende nach zu schließen.

Es gab damals noch die grünen Gesellen in Hülle und Fülle, im Garten, in Hecken und Sträuchern, überall wohnten und quakten sie. In vielen Familien hielt man sich einen Frosch als Wetterpropheten im Glas mit einer Leiter. Saß er oben, blieb es schön, kletterte er nach unten, so tat man gut daran, den Schirm bereitzustellen.

In einem großen, mit Moos ausgepolsterten Einmachglas wiesen auch wir dereinst zwei Laubfröschen ihr Standquartier zu. Es stand unverschlossen auf dem Blumentisch, und die beiden konnten aus- und eingehen, kriechen oder hüpfen, wie sie wollten. Angeregt von dem halbabgerissenen Etikett des Glases nannten wir sie schlicht: «Himbeer und Johannisbeer».

Doch während Johannisbeer es bald vorzog, durchs geöffnete Fenster in den Garten zu entweichen, fühlte Himbeer sich zwischen Zimmerlinde, Tradeskantie, Begonien und Kakteen äußerst heimisch. Sein Tagesablauf war ganz geregelt. Während er die Nacht meist im Glas verbrachte, wo er auch ab und zu meckernd «sang», stieg er etwa um neun Uhr würdevoll und gemessen heraus, besah sich vom Glasrand aus eine geraume Zeit die Welt, bis er urplötzlich zwischen die Blätter hopste, um dann bis gegen Mittag im Untersatz der Tradeskantie zu baden. Darauf erklomm er gegen zwei Uhr im Zeitlupentempo ein Blatt der Zimmerlinde, auf dem er bis zum Abend regungslos verharrte. Fliegen, die man fing und ihm vorhielt, fraß er aus der Hand, und auch einen fetten Mehlwurm verschmähte er nicht. Ach, nichts beruhigt die gehetzten Nerven des modernen Menschen mehr, als einem Frosch bei der Mahlzeit zuzuschauen. Vom ersten Fixieren an bis zum Schnappen und langsamen Hinunterlutschen der Beute, bei dem die riesigen Froschaugen zugekniffen ganz im Kopf verschwinden, strahlt alles eine ungeheure Ruhe und Beschaulichkeit aus. Nichts von Hetze und Gejagtsein unserer Zeit, jede Bewegung ist in sich abgewogen und wohl bedacht.

Kurz vor Weihnachten war Himbeer verschwunden, er schien sich in Luft aufgelöst zu haben. Hielt er irgendwo seinen Winterschlaf? Oder hatte das milde Wetter, wie es oft vor Weihnachten zu uns kommt, ihn in den Garten gelockt? Aber wahrscheinlich waren Putzerei und Trubel ihm zuviel geworden.

Der Christbaum brannte am Heiligen Abend, und wir sangen die alten Weihnachtslieder. Horch!! Plötzlich schallte und quakte es zwischen den Krippenfiguren. O seht nur!! Da hockte Himbeer auf Mariens Schoß, glotzte mit seinen großen, starren Augen voller Andacht auf die Krippe und schmetterte und meckerte sein Weihnachtslied. Und Maria schien zu lächeln, und ihre Augen schienen manchmal heimlich vom Kindlein in der Krippe wegzuirren und das andächtige, feuchte, grüne Geschöpf da auf ihrem Schoß liebevoll anzusehen, das auf seine Weise seinen Schöpfer pries.

Während der ganzen Feiertage saß Himbeer dort, und niemand wagte ihn zu stören. Kaum fand er manchmal Zeit, im Blumenuntersetzer zu baden. Er nahm keine Nahrung zu sich.

Die Weihnachtszeit ging vorüber, aber wir ließen die Krippe immer noch stehen. Doch langsam wurden die Hirten und Könige müde, und einer nach dem anderen fiel um. Endlich wurde alles abgeräumt und Himbeer mit Gewalt zu den Blumen zurücktransportiert. Darüber kam er nie hinweg. Beharrlich saß er immer wieder an dem Platz, wo Maria einst gekniet, und starrte fassungslos ins Leere. Mit der Zeit wurde er dick und aufgeblasen, langsam und langsamer wurden die Atembewegungen seiner Kehle.

Und dann war er plötzlich eines Tages weg, einfach weg! Niemand hat ihn jemals wiedergesehen.

Renate Hedemann
Der vertraute Fremde

Dieser 24. Dezember hatte nichts von dem, was man von diesem Tag erwartet: Der Schnee, der morgens gefallen war, hatte sich in eine graue, unansehnliche Masse verwandelt. Menschen hasteten über die Bahnsteige oder schleppten verbissen ihr Gepäck die Treppen der Unterführung hinauf.

Die Zugabteile waren überfüllt. Der Geruch von nasser Kleidung erfüllte die verstopften Gänge.

Mehr zufällig hatte ich ein Abteil gefunden, in dem nur drei Leute saßen: an der Tür ein langhaariger, junger Mann – offenbar ein Student, neben ihm ein Mann im Nadelstreifenanzug und am Fenster eine übergewichtige ältere Frau.

Die dicke Frau versuchte, ihre massigen Gepäckstücke in die Ablage zu zwängen. Ich hatte keine Lust, ihr zu helfen. Mir half schließlich auch keiner. Ich hatte den Prozeß verloren. Mein Traum von der großen Karriere war damit wohl vorbei. Ich würde der kleine Provinzanwalt bleiben, der ich war. Die Chance war vertan!

Der Lautsprecher schnarrte. Unverständliche Worte hallten über die Bahnsteige. Der Zug setzte sich langsam in Bewegung. Mit zwanzig Minuten Verspätung! Und ich wollte abends zu Hause sein. Schließlich war heute Weihnachten.

Meine Güte, Weihnachten – was war das eigentlich? Müde lehnte ich mich in meinen Sitz zurück. Früher, als ich ein Kind war, war Weihnachten etwas Besonderes. Es war wie eine Welt voller duftender Wärme und glänzender kleiner Lichter. Man hatte Zeit, in die Stille hineinzulauschen, zu träumen und zu warten. Es bereitete sich etwas vor, das guttat.

«Es begab sich aber zu der Zeit...» Die uralten Worte drängten sich in mein Bewußtsein. Wie war das mit dem Kind in der Krippe weitergegangen? Aus dem Kind war ein

Mann geworden. Nur wenige hatten ihn verstanden. Dann hatte man ihm den Prozeß gemacht. Hatte er auch verloren?

Ein Stoß in die Seite schreckte mich aus meinen Gedanken auf. «Können Sie nicht aufpassen?» fauchte ich. Eine junge Frau mit einem blassen Kind auf dem Arm hatte sich neben mich gesetzt. Sie murmelte eine Entschuldigung. Das blasse Kind begann zu plärren. Der Mann im Nadelstreifenanzug hatte sich eine dicke Zigarre in den Mund gesteckt. Sein Gesicht wirkte feist, es machte mich wütend. «Hier ist Nichtraucher!» meckerte die Dicke. «Die Zigarre ist ja gar nicht angezündet!» mischte sich der junge Mann an der Tür nun ein. «Trotzdem!» schimpfte die Dicke und sah beleidigt aus dem Fenster. Die Stimmung im Abteil war gespannt, man spürte es. Und das blasse Kind weinte weiter vor sich hin.

Der Zug fuhr durch das Häusermeer rasch hinaus in die freie Landschaft. Hier war alles weiß geblieben. Kahle Bäume streckten ihre Zweige in die zunehmende Dämmerung. Ab und zu flog ein Licht am Fenster vorbei. Es begann wieder zu schneien.

Die Abteiltür wurde aufgeschoben. Ein Mann betrat das Abteil und fragte freundlich, ob noch ein Platz frei sei. Ich sah auf, die Stimme klang vertraut. Auch das Gesicht kam mir bekannt vor. Er lächelte das blasse Kind an, das aufhörte, vor sich hin zu weinen. «Ja, nehmen Sie doch Platz!» sagte der junge Mann so, als freue er sich über irgend etwas.

Die dicke Frau begann, in ihrer riesigen Handtasche zu kramen. Sie holte einen herrlichen roten Apfel hervor und betrachtete ihn nachdenklich. Dann streckte sie die Hand aus und fragte das Kind: «Möchtest du, Kleiner?» Das Kind lachte und griff nach dem runden Apfel. Die Züge der Mutter entspannten sich, und über ihren schüchternen Dank kamen die beiden Frauen ins Gespräch.

Ich betrachtete noch einmal das Gesicht des Mannes, der eben hereingekommen war. Wo hatte ich dieses Gesicht schon einmal gesehen? Der Zug verlangsamte seine Fahrt.

Die Lichter eines Bahnhofs kamen näher. Die junge Mutter stand auf. «Wir müssen aussteigen», sagte sie und verabschiedete sich. «Warten Sie!» rief der junge Mann. «Ich helfe Ihnen.» Der Zug hielt.

Ich blickte aus dem Fenster. Dann sah ich sie über den Bahnsteig gehen; das Kind stapfte zwischen ihnen. Es lachte und winkte. Die Dicke winkte zurück.

Der Mann mit dem feisten Gesicht hatte sich in ein Buch vertieft. Es machte mich nicht mehr wütend, ihn anzusehen.

Ich blickte zur Seite. Er war noch da. Hatte ich befürchtet, dieser Mann, der mir so seltsam bekannt vorkam, sei ausgestiegen?

Der Zug rollte langsam aus dem Bahnhof. Draußen war es jetzt fast dunkel. Dicke Schneeflocken tanzten am Fenster vorüber. Lichter glänzten in der weiten Schneelandschaft.

Es wird Weihnachten, dachte ich, lehnte mich zurück, und während der Zug immer rascher dahinglitt, spürte ich das lange vergessene Gefühl der Freude in mir aufsteigen...

Walter Busch

Wie ich zu einem richtigen Rodelschlitten kam

Gegen Ende des Ersten Weltkrieges, ich war damals vielleicht sechs oder sieben Jahre alt, bekam ich von meinen Eltern zu Weihnachten einen Schlitten geschenkt. Einen, den Vater aus allerlei Brettern und Leisten gebaut hatte. So ganz entsprach er nicht meinen Vorstellungen, weil er nämlich mehr einer Art länglicher Kiste als einem richtigen Rodelschlitten glich, wie ich ihn mir insgeheim gewünscht hatte. Aber immerhin war es ein Schlitten. Und da Vater ihn auch noch wunderhübsch rot und grün angestrichen hatte, freute ich mich trotz allem darüber.

So zog ich denn auch am Nachmittag des ersten Weihnachtstages gleich damit los zu einem in der Nähe gelegenen Rodelberg. Dieser war bereits von vielen Kindern bevölkert, die tobten und lärmten, wie sonst nur im Sommer in der Freibadeanstalt. Trotzdem war ich mit meinem Schlitten sogleich der Mittelpunkt des Interesses. Alle bestaunten ihn und wollten darauf einmal fahren. Das Gedränge war bald so groß, daß ich kaum selber dazu kam, mich daraufzusetzen. Als sich schließlich ein ungewöhnlich dicker Junge noch hinzugesellte und mich bat, auch einmal den Berg damit herunterrodeln zu dürfen, kamen mir angesichts seiner körperlichen Fülle allerdings Bedenken. Aber da er mir anbot, mir seinen Schlitten, einen richtigen Rodelschlitten, solange dafür zu überlassen, konnte ich der Versuchung, auf einem solchen einmal zu fahren, nicht widerstehen und willigte ein. Der dicke Junge, der sich gleich bäuchlings auf meinen Schlitten warf, kam damit vom Berg auch zunächst gut ab; als er dann aber in raschem Tempo über eine Bodenwelle hinwegsetzte, knallte er so hart am Boden auf, daß mein Schlitten unter ihm zerbrach wie ein Pappkarton. Ich war entsetzt und den Tränen nahe. Doch der dicke Junge erwies sich als großzügig. «Kannst meinen dafür behalten», entschied er kurz, nachdem er sich aufgerappelt hatte und sah, daß an meinem nichts mehr zu retten war. «Habe ohnehin zu Weihnachten einen ganz neuen bekommen», fügte er wie zur Erklärung für seine Großzügigkeit noch hinzu.

Mit etwas gemischten Gefühlen zog ich wenig später mit seinem Schlitten, auf den ich die Trümmer des meinigen geladen hatte, heimwärts. Einerseits konnte ich es noch gar nicht fassen, plötzlich einen richtigen Rodelschlitten zu besitzen, andererseits aber wußte ich nicht recht, was Vater, der sich doch soviel Mühe mit dem Bauen gemacht hatte, dazu sagen würde.

Aber Vater ließ sich nichts anmerken. «Vielleicht waren die Bretter und Leisten, die ich verwendet habe, doch etwas zu schwach», meinte er mit Blick auf den Rodelschlitten, den mir der dicke Junge überlassen hatte.

Ich war überglücklich und konnte mich erst jetzt wirklich freuen.

Übrigens, den dicken Jungen habe ich nie wiedergesehen. Vielleicht war es ein verkleideter Weihnachtsengel.

Arnim Kerschke
Der dänische Weihnachtsmann

«Weihnachten ist nahe! Vadder muß wieder auf den Dachboden!» so flachste mein Sohn, nachdem meine Frau mich schon zum wiederholten Male ermahnt hatte, ja endlich den Weihnachtsbaumständer und den Weihnachtsbaumschmuck aus der Dachbodenabseite zu holen.

Alle Jahre wieder! Stöhnend und ächzend zwängte ich mich durch die schmale Abseitentür, die Hand suchte den Lichtschalter, ein Blitz, die Birne war durchgebrannt. Auch das noch! Aber ich wußte ja, wo die Kisten standen. Vorsichtig tastete die Hand im Dunkeln, faßte einen Karton, zog ihn heraus und langsam zurück in die Bodenkammer. Aber was hatte ich da erwischt? Das war nicht der Karton mit dem Weihnachtsschmuck. Neugierig löste ich die Schleife des alten Sackbands, hob den Deckel und ein überraschtes «Oh» kam von meinen Lippen. 40 Jahre Jugendträume:

Teile einer alten Dampfmaschine, eine Schleuder aus altem Fahrradschlauch, ausgeblasene Vogeleier, Bleisoldaten der Wehrmachtszeit, Kriegsschiffmodelle und ein kleines, gelbes Holzauto. Ich setzte mich auf den Fußboden, nahm die Schleuder heraus, probierte, das Gummi war porös und brach. Das Silbermöwenei! Ein Gesicht tauchte auf: Blond, voller Sommersprossen, Ole Peddersen! «Du, Arni, essen!» Viel mehr Deutsch konnte er nicht, ich kaum Dänisch. Krächzendes Möwengeschrei über uns, Oles Stock über dem Kopf wehrte die Angreifer ab, die voller Wut auf den Stock herabstießen. Wie sollte ich essen? Ole gab mir den Stock, nahm das Möwenei aus dem Nest, ein Loch mit dem Messer auf jeder Eiseite, ein schlürfendes Ziehen. «Oh!» Wann hatte ich je etwas Aufregenderes gegessen?

Wie eine Reliquie legte ich das Ei zurück und griff nach dem gelben Auto. Neue Gesichter lösten sich aus der Erinnerung: Onkel Peddersen! Klein, dick, immer schwitzend, ein Haarkranz um den fast kahlen Kopf. Greta! Blondes, langes Haar, strahlend blaue Augen; so sahen für mich die Engel aus.

Im Februar 1945 waren wir in das kleine dänische Dorf bei Aalborg gekommen, geflüchtet über die Ostsee, heimatlos, dem Grauen des Krieges entkommen. Wir fühlten uns wie im Paradies. Und hier? Eindringlinge. Geduldete, mit denen man nicht sprach und die man nicht ansah.

Aber da waren die Peddersens: Ole, Greta, Frau und Herr Peddersen und drei oder vier Kinder. Sie hatten uns aufgenommen, meine Mutter, meine beiden Schwestern und mich, hatten uns eine Stube in ihrem Häuschen abgetreten, ließen uns teilnehmen an ihrem Leben. Ein deutscher Soldat hatte Gretas Herz gewonnen. Sie hatte sich mit ihm verlobt.

Tage unbeschwerten Glücks, so schien es, mehr sah ich mit meinen sieben Jahren nicht. – Doch plötzlich war alles anders. Kapitulation! Ich begriff das Wort nicht. Mutter erklärte: Deutschland hatte den Krieg verloren. Für mich bedeutete das nur, ich durfte nicht mehr mit Ole spielen, durfte nicht raus in Onkel Peddersens Kohlenhof, nicht in den Stall, nicht an den Limfjord zum Angeln! – Draußen marschierten grölend Männer in blauen Uniformen vorbei, dänische Freiheitskämpfer, Steine flogen in Onkel Peddersens Fensterscheiben, Weinen drang an mein Ohr. «Hoffentlich kommen die Engländer bald und bringen uns ins Lager!» hörte ich Mutter flüstern. Und dann waren die Laster da, ich durfte nicht einmal Ole «Auf Wiedersehen» sagen.

Als ich auf den Laster klettern wollte, brachten sie Greta heraus, stießen sie auf die Straße, kahlgeschoren, ein Schild um den Hals. Im Haus schrie Ole, Onkel Peddersen tobte, Frauen und Kinder schluchzten. – Ich riß mich los, rannte an den Männern vorbei, stürzte zu Gretas Füßen, krallte mich in ihr Kleid: «Greta, was machen sie mit dir?» Traurige Augen lächelten mich an, einen Augenblick lag ihre Hand auf meinem Kopf «Auf Wiedersehen, Arni! Geh schnell zu Mutti.» Dann traf mich ein Fußtritt, und Greta wurde auf die Straße geschubst, wo eine johlende Menge sie empfing. Mich warfen kräftige Männerhände auf den Lastwagen. Viel später erst erfuhr ich, was mit Greta geschah. Sie wurde auf dem Marktplatz öffentlich an den Pranger gestellt. Auf dem Schild stand: «Ich bin eine deutsche Stabsfeldwebelmatratze.»

Und dann kam das Lagerleben. Zehntausende von Flüchtlingen zusammengepfercht im ehemaligen Seefliegerhorst der deutschen Wehrmacht, immer zwei Familien in einem Barackenzimmer. Am Stacheldraht war die Welt zu Ende. Erinnerungen: Dänische Kinder am Stacheldraht, die heimlich Schokolade und Bonbons über den Zaun warfen, Wachtposten, die wegsahen. – Kinder, die Steine warfen; Wachtposten, die nicht eingriffen. – Menschlichkeit und Haß.

So näherte sich das erste Weihnachtsfest in der Gefangenschaft. Keine Geschenke, kein Spielzeug, kein Tannenbaum, keine Süßigkeiten, keine Plätzchen, von Vater keine Nachricht, mir war zum Heulen elend. Erst spät kam ich ins Zimmer. Eine Kerze brannte auf dem Tisch. Mutter, meine Schwestern und die andere Familie saßen da, in Mäntel gehüllt, denn die Kohlenlieferung war nicht angekommen. Sie hatten aus Zeitungspapier, das sie bunt angemalt hatten, eine Krippe gebastelt, auf einem Teller lagen kleine Stücke Weißbrot, die alle gespart und gesammelt hatten, mit Zucker bestreut. «Komm, Arnim, wir wollen Weihnachten feiern! Daß wir uns lieb haben, daß wir gesund sind, das ist doch das größte Geschenk für uns alle!» sagte Mutter und nahm mich in die Arme. Ich konnte nicht sprechen, zu sehr saß die Verbitterung in meinem Herzen. Dann sangen alle für mich: «Alle Jahre wieder, kommt das Christuskind.» Ich sang nicht mit.

Als sie gerade sangen «Kehrt mit seinem Segen, ein in jedes Haus», klopfte es an die Tür. Sie öffnete sich langsam, und im Schein der einen Kerze erschien das schwitzende, runde Gesicht von Onkel Peddersen. «Wohnt hier Arni? Hier ist der dänische Weihnachtsmann!» Ich saß wie erstarrt, als er schon das Licht angedreht hatte. Er war noch dicker geworden, jedenfalls sah er in der Lumber-Jacke so aus. Aber es sah nur so aus! Denn jetzt zog er den Reißverschluß auf, und heraus nahm er alles, was ich mir so heiß gewünscht, was er vor den Augen der Wachtposten unter der Jacke versteckt hatte: Apfelsinen, Nüsse, Schokolade, Kekse, Plätzchen, Kaffee für Mutter, weiche Strümpfe für die Mädchen und für mich das gelbe Auto!

Ich begriff gar nichts, nahm erst viel später wahr, daß er freiwillig am Heiligabend mit seinem alten Lastwagen die Kohlelieferung für die Flüchtlinge brachte, weil kein anderer mehr fahren wollte. «Arni soll nicht frieren.»

Für mich war alles ein Wunder! Jetzt hatte sich die Spannung gelöst und ich heulte ungeniert. Die Mädchen hingen an Onkel Peddersens Hals und erdrückten ihn fast, ich hatte nur Augen für das schöne Auto. Und dann ertönte Mutters Stimme: «O du fröhliche!» stimmte sie an, und alle sangen mit, auch ich.

Jetzt waren die Tränen in Onkel Peddersens Augen. Ich habe ihn nicht wiedergesehen.

Hilde Hauk

Als uns Engel besuchten

Als Siebzigjährige erinnere ich mich gern an die Weihnachtszeit, in der uns Engel besuchten.

Meine Eltern waren nach dem Ersten Weltkrieg aus Westpreußen geflüchtet und bekamen mit meinem kleinen Bruder und mir eine ärmliche Wohnung in Holstein zugewiesen.

Obwohl uns fast alles fehlte, fütterten meine Eltern ein Schwein, und mein kranker Vater tröstete meine oft mutlose Mutter: «Wenn wir erst geschlachtet haben, geht's uns gut.»

Ich dachte: Dann sind wir so reich wie die anderen Leute hier im Dorf. Kurz vor dem Fest wurde das durch viel Rohkost schlank gebliebene Schwein verarbeitet, danach alle verfügbare Wäsche gewaschen, die Wohnung gescheuert, und am Abend hing die gesamte Bettwäsche irgendwie befestigt über den roten Inletts der Betten in unserem Wohn-, Schlaf- und Eßzimmer. Wir vier – auch frisch gewaschen – saßen am Tisch, den mein Vater, um unseren Wohlstand zu demonstrieren, mit allen Fleisch-, Wurst- und Schmalzsorten überladen hatte.

Und nun sollte das Festessen beginnen!

Plötzlich Gesang! Weihnachtslieder!

Mein Vater rief meiner schwerhörigen Mutter zu: «Nicht öffnen!»

Wie der Blitz sauste er mit den Schüsseln voller Wurst und Fleisch hinter die Betten.

Und dann traten aus dem Dunkel auch schon mehrere singende Engel ins Zimmer. Sie hatten lange, weiße Nachthemden über die Winterkleidung gezogen, das Haar offen, gekräuselt, und an den Schultern waren Gänseflügel befestigt.

Ich begriff nichts: Unser gutes Essen unterm Bett, singende Engel, der Lehrer mit dem Taktstock...

Nach mehreren Liedern eine kleine Ansprache.

Die Eltern bekamen ein Paket, mein Bruder eine Trommel, ich ein Püppchen. Dann knicksten die Engel, meine gerührten Eltern bedankten sich, und wir waren wieder allein.

Komisch, bis auf meinen Bruder, der fürchterlichen Krach auf seiner Trommel machte, fühlten wir uns nicht ganz wohl, trotz Puppe, Rosinenbrot, Schokolade, Butter und Kuchen.

Ich habe noch lange denken müssen: Warum kamen die Engel nicht, als wir noch arm waren? Dann hätten wir unseren Reichtum nicht verstecken müssen.

Aber von dem Abend an behandelten uns die Dorfbewohner nicht mehr wie ungebetene Fremde.

Das hatten wir sicher den Engeln zu verdanken.

Ruth Schmidt

Ein unvergleichlicher Vierundzwanzigster

Je länger ich darüber nachdenke, desto weniger stimmt dieser Titel, denn eigentlich waren alle Vierundzwanzigste unvergleichliche Tage, solange das Haus noch von den Kindern bewohnt und belebt war. Vom frühen Morgen an – und in den Kinderzimmern begann der Tag des Heiligabend zu nachtschlafender Zeit – schien das Haus zu vibrieren vor Spannung und Aufregung oder hektischer Tätigkeit.

Ich weiß nicht, warum mir unter den vielen ausgerechnet dieser eine Vierundzwanzigste so besonders in Erinnerung blieb; vielleicht, weil ich auf eine besonders ungewöhnliche Weise wach wurde. Etwas polterte neben meinem Bett, dann hörte ich ein kurzes Trapptrapp und ein Klappen der Schlafzimmertür; ich machte erschrocken die Nachttischlampe an und erschrak noch mehr: auf dem Nachttisch stand, in rotem Stanniolpapier, der Oberkörper eines Weihnachtsmannes. Er stand sozusagen auf seinen Ellbogen, und man wird zugeben, daß dies ungewöhnlich ist.

Ich setzte mich auf und nahm die Büste an mich, und in diesem Augenblick stürzte ein kleiner Bursche ins Zimmer, Arne, unser Zweiter. Wie immer hatte er mit seinen Geschenken nicht bis zum Abend warten können, er brachte es nicht über sich, auf seiner Überraschung noch einen Augenblick länger sitzenzubleiben. Seine braunen Augen strahlten, und meine Überraschung war ungeheuchelt; ich konnte behaupten, noch niemals einen solchen Weihnachtsmann gesehen, geschweige denn bekommen zu haben.

Arne hüpfte aus dem Zimmer, um seine anderen Überraschungen loszuwerden, und ich betrachtete erneut den Weihnachtsmann, der mir irgendwie bekannt vorkam. Hatte ich nicht beim Aufräumen in Arnes Schrank etwas Rotes gesehen, nur etwas länger? Vorsichtig rollte ich das Stanniolpapier am unteren Ende hoch, und nun sah ich den Schokoladenrand mit einem zierlichen Muster von Zähnen, und es kam mir die rechte Erklärung für den Schrumpfungsprozeß: Ich erinnerte mich daran, daß Arne bereits Anfang Dezember stolz erklärt hatte, mit seinen Weihnachtseinkäufen fertig zu sein. Und hatten bei Arne Süßigkeiten je länger als ein paar Stunden gehalten? Ich sah seine abendlichen Kämpfe vor mir, vom Bett aus einen kleinen Abstecher zum Schrank zu machen. Die Büste war das Ergebnis mühsam erkämpfter Enthaltsamkeiten.

Inzwischen war auch Jan, der Vater, wach und entdeckte in seinem Schuh eine unangebrochene Schachtel Zigaretten. Und da Kranke auch am Heiligabend betreut werden wollen, vielleicht ganz besonders an diesem Tag, verabschiedete er sich gleich nach dem Frühstück, um Visite zu machen. Den Kindern versprach er, viel früher als sonst zurück zu sein.

An jedem Vormittag des Vierundzwanzigsten ist es das gleiche: Die Kinder versammeln sich im Zimmer von Jens, dem Ältesten. Es liegt im Parterre und direkt gegenüber der Küche, so daß sie den besten Einblick haben in alle Ereignisse, die sich im Hause abspielen – wie kurze Besuche von Nachbarn oder den jeweiligen Stand meiner Vorbereitungen in der Küche.

Jens ist dann ein geduldiger Gastgeber; die Geschwister dürfen sich richtig wohl bei ihm fühlen. Zu jeder Zeit ist er außerdem Carolines Helfer und Beschützer, und das kann sie heute besonders gut brauchen. Sie hatte noch keine Zeit, sich fertig anzuziehen, sondern sitzt in Nachthemd und Stiefeln an Jens' Schreibtisch, wo sie einen Engel für Papa malt. Vorläufig ist es ein riesiges Kleid mit Puffärmeln und großen roten Tupfen auf grünem Faltenwurf.

Plötzlich ertönt ein herzergreifendes Schluchzen, das gar nicht aufhören will. Aber während ich mir noch die Hände spüle vom Kartoffelschälen, wird es wieder still, und ich höre Jens etwas offenbar Tröstliches flüstern; ein letzter Seufzer, und Caroline scheint beruhigt.

Und gerade, als ich die Soße für den Kartoffelsalat fertig habe, kommt sie stolz herein, an der einen Hand ihren großen Bruder, in der anderen das vollendete Bild. Soll man es glauben? Der Engel trägt das Gesicht von Raffaels Madonna Colonna, die nun lächelnd auf die roten Tupfen schaut, dorthin, wo eben noch das Jesuskind gelegen haben muß. Auf den zweiten Blick erkennt man ihre Überraschung.

Was war geschehen? Das Engelsgesicht war mit den kräftigen Filzstiften offenbar nicht zur Krönung aller vorangegangenen Mühen geraten; Jens meinte, es habe ausgesehen wie das von Herrn Schrader, der uns die Kohlen bringt. Und das von Maria habe gerade darüber gepaßt, es stammte von Omas Weihnachtskarte, die hätten wir doch schon gelesen.

Jetzt wäre sie mit allen Vorbereitungen fertig, sagte Caroline glücklich, und wann sie ins Wohnzimmer könnten.

Ach, es war erst elf Uhr vormittags, sieben Stunden noch bis zur Bescherung. Und ich mußte noch zum Kaufmann, zum Fischladen, ganz zu schweigen vom Weihnachtszimmer, das herzurichten war. Wo blieb nur Jan? Ob er seinen

Kranken die Weihnachtsgeschichte vorlas? Waren dafür nicht die Schwestern da?

Jens versprach, Line erst beim Anziehen zu helfen und ihr dann etwas vorzulesen, obgleich sie meinte, zum Vorlesen jetzt keine Zeit mehr zu haben.

Inzwischen war auch Arne mit nassen Stiefeln und roten Händen wieder von der Straße hereingekommen, wo er mit ungewöhnlichem Eifer Schnee geschippt hatte. Sein Gewissen war vielleicht etwas belastet von dem Schulzeugnis, das er gestern heimgebracht hatte; er erbot sich, mir nun auch noch in der Küche zu helfen.

Ach, all diese hilfreichen kleinen Geister – wo sind sie geblieben? Man wußte sie seinerzeit nicht genug zu schätzen.

Jetzt jedenfalls starrte ich verzweifelt um mich in der Hoffnung, eine Aufgabe für Arnes Hilfsbereitschaft zu entdecken, während ich Gemüse schnippelte, eine Zitronencreme schlug und Silber putzte. Mein Blick fiel endlich auf die Krimskramsschublade im Küchenschrank. Sie könnten die beiden Buben aufräumen, garantiert würden sie unter Deckeln, Korken, Bändern, abgebrochenen Löffeln und ähnlichem etwas entdecken, das für sie noch von besonderem Nutzen wäre. Die Freigabe der Krimskramsschublade kam jedesmal fast einer Belohnung gleich, und im Kinderzimmer wurde es beinahe augenblicklich still, bis auf ein leises Flüstern über die verschiedenen Funde. Plötzlich, als ich gerade die Tür schließen wollte, hörte ich Jens in beiläufigem Ton fragen, ob Arne eigentlich wisse, daß Jesus ein Schaf gewesen sei. Erschrocken horchte ich auf. Eine Weile blieb der kleine Bruder die Antwort schuldig; er gab ungern zu, etwas nicht zu wissen. Dann meinte er schließlich, nein, und fügte nach einem Augenblick hinzu: «Aber sag das lieber nicht Mama.» Arne hatte einen untrüglichen Instinkt für alles, was zu Komplikationen führen konnte. «Stimmt aber doch», entgegnete Jens. «Der Pastor hat es im Kindergottesdienst gesagt. Lamm Gottes.» Ich nahm mir vor, ein ernstes Wort mit dem Pastor zu reden.

Endlich kam Jan zurück, und ich konnte meine Einkäufe machen und dann schnell den Eintopf aufwärmen, Eintopf zum Mittagessen war am Vierundzwanzigsten Tradition. Und während Jan über die karge Mahlzeit klagte, auch das aus Tradition, und die Kinder fast keinen Bissen aßen, verging die Zeit, und bald würden sich alle anziehen und in den Weihnachtsgottesdienst gehen, und in dieser Stunde mußte dann das Weihnachtszimmer hergerichtet werden.

Ich sputete mich. Der Baum stand wieder einmal schief. Ein paar Geschenke mußten noch eingewickelt werden, dann die Plätzchenteller gefüllt, die Nüsse verteilt und Großvaters Paket versteckt werden. Mein eigener größter Christkindwunsch war inzwischen, zehn Minuten Ruhe zu haben. Aber schon hörte ich draußen Trappeln und Reden, ein kurzes Gerangel an der Flurgarderobe – und dann auch die Glocken der Dorfkirche durchs Fenster – und da konnte unser eigenes Glöckchen oben am Tannenbaum auch nicht länger warten, und als es laut genug klingelte und endlich die Tür aufging, hatten die Kinder so rote Backen wie die Äpfel unter dem Baum, und angesichts von so viel Leuchten konnte von Erschöpfung gar nicht die Rede sein.

Die Brüder stellten sich einer nach dem anderen vor den brennenden Lichtern auf und sagten ein Weihnachtsgedicht auf, aber als die kleine Caroline drankam, hatte sie offenbar schon zu lange in den herrlichen Tannenbaum geguckt und auf die bunten Dinge, die darunter hervorlugten – und konnte kein einziges Wort mehr. Da beugte sich Jens zu ihr hinunter und flüsterte, sie solle doch einfach etwas Schönes sagen, etwas mit ‹heilig› darin, und plötzlich strahlte sie wieder, machte sich groß und sagte aus tiefstem Herzen: «Heiliger Strohsack!»

Da hob Jan sie hoch hinauf in seine Arme und meinte mit einem Lächeln in den Augenwinkeln, daß dies ganz der rechte Auftakt sei für den Rest des Tages.

Inhalt

Weihnachten im Norden von Eva Maria Riedel, Lingen	5
Wie man zum Engel wird von Ruth Schmidt-Mumm, Garbsen	8
«...leer Dein gold'nes Wägele aus!» von Maria Wolff, Oldenburg	11
Mein Papa, meine Mutti und ich von Ingrid Hüffel, Hamburg	14
Der Großbrand von Uwe Bernzen, Hamburg	18
«Ach ja, Papa hat geschrieben!» von Sieglinde Kaupert, Wolfsburg	22
Große Aufregung am Heiligabend von Irene Sidau, Hamburg	23
Etwas ganz Neues von Madeleine Du Mont, Hamburg	28
Weihnachten 1944 von Elisabeth Gerke, Wedel	29
Das Festtagsessen von Manfred Richter, Bremen	32
Oskar, der Lebkuchenmann von Christel Sievers, Cremlingen	34
Sein schönstes Weihnachtsgeschenk von Kurt Brinkmann, Osterholz-Scharmbeck	37
Hansis Weihnachten von Ruth Husner, Hamburg	41

Auf hoher See von Bernd Wittmaack, Hamburg		44
Kulturmißverständnisse oder Vorurteile??? von Sanaa Baghdadi Biank, Kiel		47
Weihnachtsfahrt mit der Eisenbahn von Reiner Schrader, Hamburg		49
Weihnachten – was ist das schon? von Ingrid Stielau, Seevetal		52
Feuerwerk von Swantje Krause, Hamburg		54
Wiehnachtsmann sien Umschmieter von Hilde Wohlenberg, Brunsbüttel		55
Meine unvergessenen Weihnachten von Anne E. Lorenz, Cuxhaven		56
Die besondere Geschenkidee von Anette Kröckertskothen, Peine		58
Weihnachten 1941 von Helga Schütze, Barendorf/Lüneburg		60
Auf Wache keine besonderen Vorkommnisse von Berndt Warda, Wennigsen		64
Weihnachten – damals von Susanne Auffarth, Groß Malchau		67
Christmas in Dallas Wahre Erlebnisse einer Austauschschülerin von Gundula Wirries, Hannover		69
Tim und der Tannenbaum mit der blauen Kugel von Klaus Tätzler, Bremen		72

Alle Jahre wieder ... 74
von Monica Paulsen, Brokdorf

Der «verpfefferte» Heilige Abend 76
von Berthold Mund, Braunschweig

Der Maler und das Weihnachtslicht 79
von Sigrid Preiss-Puntigam, Hamburg

Uns erste Wiehnachten na den Kreeg 82
von Henri Goebel, Hamburg

Die heiligen Nächte 83
von Gerhard Bahr, Hamburg

Weihnachten auf Grönland 86
von Rudolf Eissing, Hamburg

Eine Geschichte von Weihnachten –
ohne Glanz, aber voller Hoffnung und
Vertrauen 88
von Peter Paulsen, Kiel

Eine kleine Weihnachtsgeschichte 91
von Friedrich Schiller, Norderstedt

Unter freiem Himmel 94
von Sabine Leisner, Quickborn

Der rote Krämerladen 97
von Heide Fregien, Hamburg

Der Weihnachtsbaum 101
von Olaf Lippert, Hemmingen

Heiligabend 1927 103
von Lieselotte Voß, Neustadt

Süßer die Glocken nie klingen 104
von Susanne Benien-Warncke, Delmenhorst

Ein kleines Weihnachtswunder 106
von Gerda Himstedt, Hamburg

Weihnachten 1963 108
von Georg Thies, Hamburg

Weihnachten auf den Feldern von
Bethlehem 110
von Annelies Grund, Kiel-Russee

Überraschung am Heiligen Abend 112
von Otto Kretschmer, Hamburg

Der wahre Weihnachtsmann 114
von Erika Wojakilowski, Jever

Wiehnachten ward de Lüüd gediegen 118
von Broder-M. Ketelsen, Niebüll

Süße Weihnachten 1945 121
von Ingeborg Hunger, Osnabrück

Nikoläuse oder Nikolause? 124
von Barbara Kupke, Wahlstedt

«Es begab sich aber zu der Zeit...» 125
von Sylvia Nieroba, Lingen

Nur eine Kerze 128
von Wilfried Schulz, Lutten

Wie es war, als der Weihnachtsmann
bei uns schlief... 130
von Hanneliesa Elsner, Wittmund

Weihnacht 132
von Ilse Hermann, Hannover

Mein schönstes Weihnachtsfest 133
von Elfi Faustmann, Hamburg

Genau, wie in Bethlehems Stall   135
von Thea Kähler-Karger, Schafflund

«Und auf einmal war ein Leuchten»   139
von Marika Bronisch, Bad Bramstedt

Weihnachtswunsch!   142
von Elfriede Baumbach, Langenhagen

Schneeflöckchen – Weißröckchen   143
von Rosalinde Hochhaus, Schwedeneck

Weihnachten 1941   145
von Ralf Rösberg, Norderstedt

Peer und Petra   147
von Andree Meyer, Hamburg

Ein Wintermärchen   149
von Helmut Steinert, Delmenhorst

Mein unvergessenes Weihnachtserlebnis   152
von Andreas Haarmann, Rosengarten

Traditschoon   154
von Hans-Jürgen Forster, Hamburg

Wie jeder Tag?   159
von Ulla Matthäi, Landkirchen / Fehmarn

Weihnachtsmärchen oder Mettwurstbrot   161
von Eva Lehr, Lahr / Schwarzwald

Heinrich oder Heini   163
von Heinrich Cordes, Hamburg

Weihnachtserlebnis eines Frosches   165
von Hanna Gengnagel, Jengen

Der vertraute Fremde   168
von Renate Hedemann, Großheide

Wie ich zu einem richtigen
Rodelschlitten kam 170
von Walter Busch, Hamburg

Der dänische Weihnachtsbaum 172
von Arnim Kerschke, Tönning

Als uns Engel besuchten 176
von Hilde Hauk, Hamburg

Ein unvergleichlicher Vierundzwanzigster 177
von Ruth Schmidt, Garbsen

Literatur für Kopf Hörer

«Es ist eines, ein Buch zu lesen. Es ist ein neues und recht andersartiges Erlebnis, es von einem verständigen Interpreten mit angenehmer Stimme vorgelesen zu bekommen.»
Rudolf Walter Leonhardt, DIE ZEIT

Erika Pluhar liest Simone de Beauvoir
Eine gebrochene Frau
2 Tonbandcassetten im Schuber
(66012)

Bruno Ganz liest Albert Camus
Der Fall
Deutsch von Guido Meister.
3 Tonbandcassetten im Schuber
(66000)

Elisabeth Trissenaar liest
Louise Erdrich
Liebeszauber
2 Tonbandcassetten im Schuber
(66013)

Erika Pluhar liest Elfriede Jelinek
Oh Wildnis, oh Schutz vor ihr
Keine Geschichte zum Erzählen
1 Tonbandcassette im Schuber
(66002)

Hans Michael Rehberg liest
Henry Miller
Lachen, Liebe, Nächte
Astrologisches Frikassee
2 Tonbandcassetten im Schuber
(66010)

Produziert von Bernd Liebner
Eine Auswahl
Rowohlt Cassetten
C 2321/3